| 童诗创意写作 |

给孩子的
25堂诗歌课

25 POETRY LESSONS
FOR CHILDREN

宽窄 著

图书在版编目（CIP）数据

给孩子的25堂诗歌课 / 宽窄著. —— 成都：
四川人民出版社，2023.3
　ISBN 978—7—220—13154—7

　Ⅰ.①给… Ⅱ.①宽… Ⅲ.①儿童诗歌—写作—小学
—教学参考资料 Ⅳ.①G624.243

中国国家版本馆CIP数据核字（2023）第043061号

GEI HAIZI DE 25 TANG SHIGEKE

给孩子的25堂诗歌课

宽　窄 ◎ 著

出 版 人	黄立新
责任编辑	刘姣娇　雷　棚
装帧设计	肖　欣
责任校对	刘　静
责任印制	祝　健

出版发行	四川人民出版社（成都市三色路238号）
网　　址	http://www.scpph.com
E-mail	scrmcbs@sina.com
新浪微博	@四川人民出版社
微信公众号	四川人民出版社
发行部业务电话	（028）86361653　86361656
防盗版举报电话	（028）86361653
照　　排	四川胜翔数码印务设计有限公司
印　　刷	四川机投印务有限公司
成品尺寸	145mm×210mm
印　　张	7.875
字　　数	180千
版　　次	2023年3月第1版
印　　次	2023年3月第1次印刷
书　　号	ISBN 978—7—220—13154—7
定　　价	36.00元

目 录

序 给童诗一个参照物

——儿童诗教学设计及反思

对很多孩子来说，儿童诗是稀客。课本上寥寥几首，书架上寥寥几本。很多老师和学生一提到写诗都很茫然，不知道写什么。

儿童诗不是空中楼阁。事实上，儿童诗也需要选材。记得儿时，老爸常常在我迷路的时候提醒："别忘了找参照物！"儿童诗教学没有参照物，自然常常迷路了。我认为这也是当下儿童诗教学卡在那儿的一个致命病根。

于是，我开始寻找中国古诗中的儿童诗。

据粗略统计，出现了"童"字的诗约有二十多首，但是，写童不见"童"的作品每每让人惊艳。其中最醒目的当然是七岁骆宾王的那首童言童语《鹅》，绝对的咏物高手！还有一首是巴蜀才女黄娥待字闺中的诗，诗中无一字提及"儿童"，但字里行间童心满溢，我自作多情把它归为儿童诗的行列："金钗笑刺红窗纸，引入梅花一线香；蝼蚁也怜春色早，倒拖花瓣上东墙。"如果黄娥是晚熟儿童的话，八岁的薛涛算是相当早熟了，她的《咏梧桐》写出了三十岁女人的沧桑预感："庭除一古桐，耸入云干中。枝迎南北鸟，叶送晚来风。"

其他的大多是大人写的与儿童相关的诗，算不算儿童诗还不好说。其中，写牧童的最多，但往往只是勾勒入景做点缀，真正站在儿童的视角、以儿童为本位的诗还是太少，但不妨借来参照一番。

比如杨万里写儿童追蝴蝶："儿童急走追黄蝶，飞入菜花无处寻。"白居易写孩子偷白莲："不解藏踪迹，浮萍一道开。" 胡令能写小儿垂钓："路人借问遥招手，怕得鱼惊不应人。"高鼎写村孩散学后放风筝："儿童散学归来早，忙趁东风放纸鸢。"袁枚写牧童捉蝉的片段："意欲捕鸣蝉，忽然闭口立。"辛弃疾写儿子们学干农活："大儿锄豆溪东，中儿正织鸡笼。最喜小儿无赖，溪头卧剥莲蓬。"

以中国古代儿童诗为参照物，我们可以学习怎样选材。咏物、儿童游戏和儿童生活是古代儿童诗偏爱的素材。

于是，在我的儿童诗写作课上，我决定拿谜语开刀，让水果、蔬菜、小动物们新鲜登场。

孩子们都喜欢猜谜，在解谜的过程中享受着描写形态的快乐。因为官感永远是第一步，声色形味的描写都建立在观察聆听和触摸之上。而咏物诗的最大亮点就是写出本色，蔬菜的本色或者小动物的本色。

孩子们瞬间有了强烈的表达欲望。三年级的小朋友写的谜语，就写出了物之本色：

舞蹈家

杨子辰（8岁）

秋天到了

地上铺满了黄金

像一个舞台

小汽车的喇叭一响

叶子们就一个个往上

跳起舞来

——打一植物（银杏叶）

进入高年级后，写诗的参照物就不仅仅是谜语了，我寻找的是中国台湾当代儿童诗中的咏物诗，童心童趣、童言童语是这一阶段儿童诗习作的轴心。例如，四年级学生写出来的不仅仅是谜语，而是有趣味的诗了：

蝴蝶为什么不结婚

袁光喆 （9岁）

小的时候

总是被人嘲笑

因为丑

长大了

变成了彩色的帅哥

原来最帅的

是被嘲笑最多的那一个

对于五六年级阶段的孩子来说，只有咏物诗或者诗只写出情趣是不够的。在咏物诗的基础之上，他们需要把诗歌的触角延伸到儿童的日常生活之中，在发散思维的过程中感受到理趣和深刻的快乐。

所以，我的参照物变成了中国古代、现代哲理诗和外国当代哲理诗以及绘本。

首先，通过阅读与仿写来培养出语感：卞之琳的《断章》，艾青的《镜子》，鲁黎的《泥土》，顾城的《一代人》，希尔弗斯坦的《失落的一角》《向上跌了一跤》，等等。

孩子们通过仿写以及指导老师的示例，心里有了底——哲理诗亮瞎读者眼睛的常常是最后一句，前面可以尽情撒野：

背　影

雷爱（9岁）

植物的背影

比人的背影乖

一只鸟，倒是自由了

背影呢

永远都没有自己的路线

它没有眼睛没有鼻子没有嘴

待到千万个影子在马路上集合的时候

也是六亲不认

其次，是要进行逆向思维的训练。换位思考很重要，而直线思维和单线思维都是写诗的大忌。以诗为例，比如《题西林壁》和《早起的鸟》。

　　为了减轻孩子们对哲理诗的畏惧情绪，我从最短的格言入手。练笔的选材也很日常：橡皮擦、纽扣、门、鞋带、盐、苍蝇……孩子们轻松入门，写出了以物为题的哲理诗，最初都很短，只有二三句，但却巧妙展示了逆向思维的魅力：

胡萝卜

郭泽邦（9岁）

胡萝卜

不害臊

红脸是你骗人的伎俩

糖醋莲白

雷爱（10岁）

没下雪

是撒在我身上的糖

小伙伴叫我小白或者阿莲

其实，我就是草根

喜欢把醋抹到脸上

当你开心的时候吃到我

我是甜的

当你不开心的时候吃到我

我就会变酸

最后，需要对发散思维和联想力进行打磨。哲理诗除了对形态本色的呈现之外，还要抓出甲与乙的关系，而这个交错的关系网的核心依然是物与物、人与人、人与物、人与宇宙的关系。

所以，在敲定选材之后，我会和孩子们玩相反相对相似相近的联想力游戏，例如关于石头的联想，将几十个一环扣一环的联想，随意斩断一个环节，空白和跳跃就出来了，而这就是诗。

有家的流浪汉

杨宁（9岁）

妈妈来自康定

爸爸从甘南来

我，出生在成都

我的故乡又在哪儿呢

每晚
别人都在满月下思乡
我却只能对着属于
自己的弯月
思索着
混沌的故乡

情　绪

　　　　　宽窄

我的气下了一百场雨
才把悲伤淹掉
我的悲伤
是一排排咬在铅笔上的牙印
差点就吓坏了
我的害怕被我扔进油锅里炸了
咦，果然是麻花的味道
好开心呐

　　关于怎样写的环节，我设计了"推陈出新"这个
栏目，它类似于一座桥梁，勾连古今。推陈出新，只

是以古诗为源头，为灵感，不是对古诗的"今译"，更不是对古诗的否定。我的现代儿童诗教学脱胎于古诗，却不是机械的仿写，也不是单纯的改写，而是取古诗中的某一个小的切入点，大胆进行突破、创新和变形——或是关乎修辞手法，因为童诗中有大量拟人、拟物、比喻、夸张和排比的手法；或是咏物状物的素材取舍；或是抒情言志的主题挖掘和表达；或是起承转合的结构拼接……

在推陈出新的过渡之后，我搭建了"思维拓展"的版图。古诗是一块美玉，我们讲现代儿童诗歌创意写作，要汲取它身上与美相关的种种特质与优点，然后打造出具有现代特性的作品。现代生活、现代语言都与古诗和古人迥然有别，尤其是现代的儿童视角、儿童心理和儿童体验等元素，决定了现代儿童诗的创作必然是扎根于古代文学和古代文化，立足于当代生活和当代体验，最终指向未来。

从前，我一直迷信诗是不可以教，只可以悟的。古诗好教，是因为有个摹本，平仄押韵，非常成熟，也好学习操作。如今，那个"日诵唐诗三百首，不会作诗也会吟"的时代一去不复返，我却斗胆教起了儿童诗，也许是无知者无畏吧。写诗绝没有一朝一夕的速成捷径，从娃娃抓起，应该可以为我们去感受诗的魅力，然后逐渐掌握写作的技巧，有所裨益吧。毕竟爱诗的孩子会写作这是无须争论的事实。

当我们寻找到越来越丰富的参照物，也许诗歌教学的迷途上就可以多几个引路的背影，不再原地兜圈子。即使误入歧途也说不定会偶遇一片桃花源的新意境和好天气。

宽窄

于　斯科普里

第一堂课
诗中有个动物园

太多孩子都是动物迷，他们纷纷把小动物领回家，铺好窝、打开笼子，把小动物当成宠物来养。一只猫咪两只狗儿子三只绿毛鹦鹉，给独生子女的孤单生活带来许多善意的陪伴。当玩腻了芭比娃娃和乐高的时候，还可以在散步时遛一只小狗。然而，也总有小朋友对小动物和大动物们心存畏惧，比如我。我喜欢绘本和动漫电视上可爱的小老鼠，却嫌弃阴沟里的老鼠的丑陋和肮脏。因为从小被狗咬过，所以长大后始终离狗远远的。

有时候，我们也去动物园参观。隔着铁栏杆参观许多猛兽和生活中见不到的珍稀动物。我们看着它们的同时，它们也在打量我们。或者，在一次郊游远足中我们和某种动物彼此相遇。

喜欢不喜欢都是选材，角度不同而已。

这些都是诗歌创作的灵感和花火。

古诗中对动物的歌咏，早已有之。

例诗

咏 鹅

唐·骆宾王

鹅鹅鹅，曲项向天歌。

白毛浮绿水，红掌拨清波。

作品赏析 这是一首好玩的古代儿童诗，出于七岁儿童的笔端。形式相对自由，"鹅鹅鹅"三个字在字数相等的句子里格外调皮。这首典型的咏物诗从外形、颜色到声音进行了状物特写，营造出一幅动静结合的画面。

推陈出新

鹅 谣

宽窄

鹅呀

你伸长的脖子是在飙高音吗

白色鹅毛笔蘸着池塘的墨汁填词

红色脚掌拨开了枯萎的灵感

给春水的合唱伴奏

旋转，然后静止

拨开的水纹像妈妈赌气的嘴角

突然上扬

技术指导 ⚠️　从形式上看，这首现代童诗的改写接近翻译，但又不完全拘泥于翻译体，尤其是它的结句，写出了动物与人之间的关系。句子长短不一，自带一种反问的口气。把动物当作人来写或者把人当作动物来写，拟人和夸张的修辞必不可少。长颈鹿的长脖子，乌龟的慢动作，袋鼠妈妈的口袋，猫头鹰会熬夜……抓住此类局部的特点可劲儿地写就对了！

思维拓展 ⚠️　写出动物的外形特点和生活习性，写出动物与动物之间的关系，动物与植物、动物与人之间的关系及其引发的思考，不失为儿童动物诗努力的一种方向。

师生擂台·前浪队

风在斑马的背上弹钢琴

宽窄

风爬上树冠

假装要弹琴的样子

云朵吓得哇哇大哭

哗啦啦——轰隆隆——

夏天因此而成名

我也在假装做事情

当你一去不回头的时候

我喜欢吹口哨

一只鸟儿啾啾、啾啾地叫唤

她的悲伤啊，拉起翠竹的弓

师生擂台·后浪队

驼 背

雷爱（10岁）

蝴蝶有一个朋友

叫蓝天

每当风起

她会去赴约

每当日落

准时回家

哎呀

大地妈妈拉住蝴蝶

不让她去

向上飞，向上飞

突破地心的引力

难怪蝴蝶的背是驼的

染蝴蝶

刘香灵（11岁）

蝴蝶的颜色哪儿来的

花朵染的

白蝴蝶呢

掉色了

那怎么办呀

再去染一次呗

蛇

李祖炀（10岁）

在河水中

有一条长绳子

它怎么会漂浮呢

一条蛇就游走了

乌 龟

李想（10岁）

河里有个圆

如果不是乌龟会是谁

我用手轻轻一碰

它就缩回了脑袋

蝴蝶和小麦

向雨萱（9岁）

一枝小麦和一只蝴蝶

是朋友

小麦很渴

蝴蝶给她送水

只听小麦在喊

救我

小麦被虫咬死了

在埋她的地方

蝴蝶加了最后一点水

蝴　蝶

袁光喆（9岁）

小的时候

总是被人嘲笑

因为丑

长大了

变成了彩色的帅哥

原来最帅的

是被嘲笑最多的那一个

梦　话

刘子悦（11岁）

小兔子呀

你知道田野里的花像雪一样寂寞吗

你能告诉我萝卜是否像镜子一样明亮呢

小兔子呀

如果明月是一个邮局

那我的梦就是一封永远也写不完的信

熊猫喝茶

王怡涵（11 岁）

茶馆的桌上放着茶杯

茶杯里盛着茶

茶被月光喝成了白色

躲在树后的熊猫心想

什么时候才能尝到茶的味道

它决心叼着茶跑回家

可是竹篮打水一场空

篮子湿了

第二堂课
每一行都是草，都是木

如果切开柠檬，你会发现它的切片是一个个车轮；切开一根胡萝卜，你会发现切片里面藏着无数个红红的小太阳……与凶猛的动物世界相比，植物圈温柔多了。亲近植物的孩子是幸福的，他们得以体会到一种不争不抢，安静而自然的生长状态。有的孩子看到一朵花开会尖叫，有的孩子踩死一根草会哭泣，有的孩子会捡起数不清的落叶夹在日记本里当书签，不管那上面的烂泥和霉味。到大自然去记录植物的春夏秋冬，去认清稻子和稗子的区别，给它们取一个喜欢的名字。孩子们用水去浇灌的不仅仅是一行行草木，还有那颗天真的草木之心。

托物言志，借物抒情。这就是诗歌与科学笔记的分水岭。而这一切，都离不开细致入微的观察。

例诗

红　豆

唐 · 王维

红豆生南国，春来发几枝。

愿君多采撷，此物最相思。

作品赏析 ⓘ 表达相思的物品很杂，团扇啦，鸳鸯啦，明月啦，甚至女子的眼泪……王维只取这一粒红豆。本诗一二两行完成状物描写，三四行负责抒情达意——植物和果实的生长是缓慢而静默的，对某个人的思念也这般绵长。

推陈出新 🖊

红 豆

宽窄

红豆怕冷却贪玩

光着脚从冬天跑出来

爸爸总是从遥远的地方

顺风快递两颗

一颗给妈妈

一颗给我，治疗我的"红眼病"

我把种子埋在雪地里

来年春天，回寄给爸爸

技术指导 ⓘ 改写首先是一个技术活，有规律可循。

红豆的意象可以用相近或者完全相反的意象替换，特别是孩子们在日常生活中熟悉了解的一些物象，比如薄荷啊，核桃巧克力啦；而"冬天"这个意象刚好和春天相反；"怕冷"和"跑"都是站在拟人的视角写物；"此物最相思"这一句古诗，侧重的是单向寄送，但是现代诗用了双向寄送来强调情感的温暖馈赠，恰如古话所说"来而不往非礼也"。

思维拓展 ⚠ 　这首现代儿童诗最棒的地方在于拓展了古诗的抒情范围，从寄托男女相思之情的抒发跳接到亲情的书写。这一颗红豆并非灵丹妙药，然而对孩子来说，在远方出差的爸爸，他寄回来的小小礼物却有治愈"红眼病"的疗效。

师生擂台·前浪队 🖊

植物念经

宽窄

浇水，松土，晒太阳
我爱的花朵，在我的爱里死去

陶罐空空，只剩落叶
我爱落叶，落叶在我的爱里褪色

陶罐空空，只剩野草
我爱野草，野草在我的爱里枯萎

陶罐空空，只剩泥土
我爱泥土，泥土在我的爱里破碎

陶罐空空，只剩下爱
我在我的爱里消失

师生擂台·后浪队

"千手观音"

王怡涵（10岁）

她住在碧绿的宫殿里
脚指头都是香水味儿
绿得比春天害羞

一只蚂蚁从下水道蹦出来

给她挠痒痒

"千手观音"没有千只手

它只是一株小小的含羞草

仙人掌

邓云飞（11岁）

它是沙漠中的骆驼

皮肤上全是洞和刺

阳光越灿烂

刺长得越快

保护着它的

拒绝着我

我

雷爱（9岁）

每天早晨

用树皮画淡妆

重紫、紫椴都是我的名字

"生日快乐"

我七百岁了

身高超过了两米五

叶子是我全部的嫁妆

我是谁呢

我是一棵树

一棵不会写字的树

但我记下了春夏秋冬

蒲公英

袁光喆（9岁）

天空的云模糊了你

流浪

再也没回过家

如果想到达

风是美梦也是噩梦

柳高高

雷沁婷（11岁）

柳高高很高

他爱吹笛子

常常举起绿色的鞭子

幻想自己有一群羊

他有几个朋友

风波纹和水中的另一个

柳高高

第三堂课
当自然物象开口说话

　　小时候不敢用手去指天上的月亮，因为妈妈说做了这个动作会被月亮割耳朵！呜~好怕怕呀！更可怕的是，我走到哪里这个家伙就跟到哪里，我一动不动它也一动不动！

　　我也真的相信月亮上有棵桂花树，一个手持斧头的男人日日夜夜在砍伐。月亮上有只玉做的兔子不知道吃不吃胡萝卜？孤独的嫦娥为什么不和砍树的吴刚结婚呢？传说圆圆的月亮还会被毁容，有只天狗会跑出来啃它。月亮到底是什么味道呢？好吃吗？

　　对于风雷云雨电、春夏秋冬和日月星辰这些自然物象，每一个小朋友的脑袋瓜里都装着千万个为什么。

　　在童年的字典里，更多的不是科学解释，而是神秘又孩子气的想象——雾可以迈着小猫的步子走来，天空是一块被雨的指甲撕开的布，每天清晨的日出不是日出是公鸡在下蛋，中间层的雪是独生子——看不见天也看不见地，夏天是一个死死抓住门框赖着不想走的小屁孩儿，云朵是一件被鸟屎弄脏的白衬衫……移情，是童诗创作的催化剂；而拟人、比喻和夸张的修辞，自然是不可或缺的下酒菜。

例诗

春 晓

唐·孟浩然

春眠不觉晓,处处闻啼鸟。
夜来风雨声,花落知多少。

作品赏析 有时候美好的即是短暂的,如流星,似闪电。春天也是如此,尤其是春天的早晨。这是一首通过声音来触摸、描写春天的诗。早醒的鸟儿发出清脆婉转的啼叫,而不是闹钟般机械的打鸣;风吹过屋檐,雨滴落在叶梢的"啪嗒啪嗒",这些都是实实在在的耳边之声,尾句由实转虚,让人仿佛以为听到了落花的声音。

推陈出新

麻雀挂急诊

宽窄

迎春花睡了一个大懒觉

叫醒她们的不是闹钟

是麻雀的喷嚏，一个接一个

原来是鼻子对花粉过敏了

春风医生唤来春雨护士

哼，麻雀不想吃药

花朵也不想打针呢

她们从大树妈妈的怀里跳下来

一朵，两朵，三四朵

技术指导 ① 古诗文字的干净、文雅可以被接地气的口语替换，俏皮、直白，充满人间烟火味儿。另，古诗中常常被省略隐去的主语"我"也可以偶尔浮出水面透透气，把"无我之境"替换成强调主观感受的"有我之境"。本诗试图去寻找物象与物象之间的关系，也寻找自然物象与人、与我的关系。比如春天与麻雀的关系，麻雀与花朵的关系，春风春雨与花朵的关系，等等。这些蛛网似的关系构成了这首诗的结构，并借助拟人态来完成。

思维拓展 ① 我常常会想，这首写春天的自然物象诗，如果叫孩子们来写，会写出什么样子？站在孩子的角度而不是大人的视角，一定少不了拟人、比喻和夸张。孩子们喜欢天马行空、脑洞大开。估计春天会被写成一个爱哭鼻子、扎着短马尾的小姑娘，鸟声是她歌唱的嗓子，风是她打过的喷嚏，雨是她流过的泪水，而那几枝落花是她裙子上永远也数不清的花朵。又或者是写月亮，孩子们会写出什么样的文字？在高手如云的孩子堆里，我甘拜下风。

师生擂台·前浪队

搬　家

宽窄

我是从天而降的孩子

我的房子又小又挤

我把钢琴租给风，风按比例吹

比磁铁还重的高音占地面积为零

我把沙发快递给飞鸟

在漫长的飞行中扮演几捆树丫或者一个鸟窝

我把床借给月亮把餐桌卖给了太阳

月亮总是在白天呵欠连连

而太阳看起来就是一个无家可归的煎鸡蛋不是吗

好了，我的房子现在又大又空
我牵了一朵云在另一朵云上安家
它们被钉在墙上，哭了
一万平方米的雨挂在眼帘当窗帘
我买了三公斤的雷当闹钟
那根遭哄抢后贬值的闪电触电了
挂在门上，比问号还烫手
我往身体上泼墨，也许是七种颜色也许更多
然后开了窗，弯弯地挂在天上

师生擂台·后浪队

跟屁虫

衡奕豪（10岁）

月亮是个跟屁虫
我跳下水
它也跳进了水里
我躺在床上
它也躺在床上

第二天醒来
咦，跟屁虫还没起床

种月亮

马子健（11 岁）

国王种月亮，月亮长不出来
商人种月亮，也长不出来
农民种月亮，还是长不出来
再也没人种月亮了
它却长到了天上

叫了个月亮外卖

袁光喆（9 岁）

嘀嘀嘀
我订的月亮面包来了
距离我家有点远
你干脆用弓箭射过来吧

免费的灯

靳智宸（10岁）

我家好黑

停电了

怎么办

不如把月亮带回家

妈妈不用交电费啦

哈哈哈

月亮的由来

刘亦筱（11岁）

我牵着白色的气球

在草原上快乐地奔跑

忽然一阵大风吹来

我呆呆地看着它上升

最后挂在天上

养月亮

雷爱（10岁）

养一只狗
不，狗屎真臭
养一只猫
不，它会挠我
养一个月亮吧
拿来家里最长的软尺
拴住它
在小区里散步

拔　河

王子翀（12岁）

我和月亮在拔河
到底谁厉害呢
看来月亮是高手
它把潮水都拉上岸了

减　肥

邹沁芮（11 岁）

月亮减肥成功了
减没了肚子
却弯起了腰

假　牙

邓欣怡（10 岁）

哎呀，我的牙齿掉了
一个弯弯的月亮爬上嘴巴
嗯，我又有了牙齿
又白又亮

第四堂课

嘘，玩具和家具
打架啦！

我们这代人的童年大都是穷过来的。家里摆设了几件简陋的家具，两张带蚊帐的木床，一张大方餐桌，一个半新不旧的黑色沙发。每当吃过晚饭，我们就坐在小板凳上围着一个黑白电视，集体观看《射雕英雄传》。"小喇叭开始广播啦！"——我的普通话都是从收音机里学来的。那时候，爸爸经常在门口小心地清洗，用一块布反复擦拭他的那辆自行车。

　　家具少得可怜，玩具更是如此。爸爸每个月微薄的工资，哪有余钱买玩具呀！于是我们就自己动手做玩具，用木头雕刻手枪，拿破布条缝布娃娃，用沙子和砖头堆火车，拿着蜘蛛网做的"神器"去网蝴蝶，爬到树梢去掏鸟窝，一堆泥巴和石头能玩上大半天！我们是贫穷的小孩然而又是最富有的小孩！整个大自然都是我们的游乐场，大地和天空、每一棵树、每一座山、每一条河流都是我们的玩具！

　　相比之下，现在的孩子们离自然越来越远，好多玩具都是从商场买来的，不够珍惜。其实，了解一堆积木的最好办法就是把积木拆开再重新拼搭，写一首诗也是如此。日常生活中，陪伴我们最多的除了家人就是家具和玩具了。如果有一天，玩具和家具突然开口说话，你觉得它们会说些什么？而你的耳朵又是否刚好能听见呢？

例诗

醉花阴

宋·李清照

薄雾浓云愁永昼，瑞脑消金兽。佳节又重阳，玉枕纱厨，半夜凉初透。东篱把酒黄昏后，有暗香盈袖。莫道不销魂，帘卷西风，人比黄花瘦。

作品赏析 ❶ 这是一个女性的房间。香炉里的香还在焚烧着，绣花细密的枕头和轻如薄雾的蚊帐却透着一股凉气。斟酒的杯子装得再满，手上把玩的菊花再美，也无法浇灭主人喉头心间的相思和愁绪。"凉""香""瘦"三个字写出了家具和器物的风貌，这种装饰物越是精巧、考究和无言，越是暗示了女主人居所之下越多的落寞和苍凉。

推陈出新

除尘记

宽窄

这是他第几次反复擦拭

是的，同一个灶台的油腻

同一把椅子下的灰

仿佛脏东西长在自己的脖子上

活动的关节总是招惹尘埃

他这一生，都在洗脸

当这个世界干净得无处落脚

我就成了灰尘的替代品

等着父亲的鸡毛掸子去发现

技术指导 ⓘ 这首小诗写父亲，不是写父亲的外貌，而是写父亲的动作：擦灰和洗脸。通过除尘的动作写出一个爱干净、洁净的父亲形象。也不是单纯地写父亲这个人，而是通过写父亲和子女的关系分别写出父亲这个形象和我这个形象。这种拆分又组合的方式自然、有趣。人与人之间的关系可以通过动作来完成，而动作的完成又可以通过人与房间和家具之间的关系来完成。人不是生活在真空，而是生活在有形的可触可感的空间之中。你看，在这首诗中，子女们像极了那些布满灰尘的灶台、椅子、关节和脸，像灰尘本身一样等着父辈们的清水和鸡毛掸子去清洗、擦拭和抖落。

思维拓展 ⚠ 时空替换是改写古诗词的又一个小窍门。时代变了，环境也会变，环境中的人也会跟着变，现代人的情感体验自然也与古人不尽相同——闺阁绣楼变成了摩天大厦，古典实木家具变成了现代电器，手机、电脑、空调、沙发、平底锅和电视机陪伴着我们的日常起居。

在孩子眼里，楼梯爱偷懒，电梯比楼梯勤快；炊壶爱唱歌，单手叉腰像个泼辣的主妇，而锅铲是个指挥家；客厅的沙发在小主人放学归家后都会给他（她）一个大大的拥抱；床头上的毛绒小熊猫每天晚上搂着它的"小妈妈"睡觉觉……对于骑着一把扫帚就能飞上天，手指比个手枪形状就能"啪"的一声让对方倒地装死的孩子们来说，家具和玩具都是奇妙的存在，无所不能。

师生擂台·前浪队

低头族

宽窄

妈妈喜欢低头看手机
一边洗菜，一边把手机当菜洗了

爸爸喜欢低头看手机
一边下楼，一边把两步阶梯当成了一步

芦苇喜欢低头看手机
一边哀叹自己的颈椎，一边晒自拍

小狗喜欢低头看手机
一边啃骨头，一边把手机当骨头啃了

什么时候我们才能进化成抬头族呢

师生擂台·后浪队

垃圾桶

王怡涵（10岁）

我的耳朵是个垃圾桶
专门收集妈妈的废话

我的鼻子是个垃圾桶
雾霾是我的零食

我的眼睛是个垃圾桶
被塞进许多无聊的故事

我的嘴巴也是个垃圾桶
咽下的埋怨比我吃的米还多

钟

马子健（11岁）

钟是数学家
数学在体内排队

钟是裁缝

老三是丝

老二是针

老大是布

钟还管理时间

每天叫我们起床

跟我们说

晚安

平　板

袁光喆（8岁）

你是我的最爱

也是一个强盗

我喜欢的都不免费

这是哪个神经大条的人乱设置

嗯，他是天使

也是恶魔

电　视

衡奕豪（9岁）

电视真是个烦人的家伙

一天到晚吵个不停

早上在吵

晚上也在吵

吵得让人没法睡觉

我是怪电视烦呢

还是怪大人把它打开

餐　桌

唐艺（10岁）

餐桌

总是被人们捉弄

美味的饭菜

放在它嘴边

想吃

却溜了

它从来没有抱怨过

每一次都向

捉弄它的味道

微笑

梵高的画

雷沁婷（11岁）

月亮在燃烧

星星在燃烧

云在燃烧

树也在燃烧

一切都在燃烧

怪得很呢

为啥他的眼睛里

一切都在燃烧

难道他被火红的太阳

烧糊涂了吗

颠倒诗

朱芷墨（10岁）

我在数落妈妈

我在教育爸爸

伤心的沙发躺在我身上

而玩具娃娃在抱我

做风筝

陈卓康（12岁）

将棍子支撑住它

再用一根细线将其限制

画上两个超级引擎

中间是两列经济舱

旁边写上 C919

国产大飞机飞上蓝天

扯断那根细细的线

消失在我的视野之中

为何旁边的进口飞机

挣脱不了那根细线

第五堂课
用三分钟说再见

如何在考试中考一个高分，我们已经练习得够多了，但是怎样学会与自我和他者的相处，如何面对生离死别，却是一个生疏的题目。因为交通和通讯的不便，古人的生离常常就是死别。一封信一个音讯长达数年才会被驿站快马加鞭送达天涯海角，隔着千山万水的物理空间有多少人曾经望穿秋水？在古代，距离就是一个问题。"黯然销魂者，唯别而已矣"，离别在古代是一个过分沉重的话题，会引发强烈的情感共鸣，故而催生了一首首关于送别的诗。

反观现在，高铁、飞机、火箭，水陆空的现代化交通工具缩短了空间距离，微信、QQ 视频等便捷的通信也免去了异地异国时差的阻隔。离别，仿佛不再沉重。然而，死亡依然是一个永恒的话题。心理的距离较之物理距离更致命。亲人之间的代沟、零沟通；因为游戏中角色扮演的分歧而拉黑、互删好友；饲养多年的小宠物突然死去或者突然丢失；某某同桌移民转学去了遥远的异国他乡；成长岁月中今天的我向昨天的我告别，未来的我向今天的我说再见……在茫茫人海中，每个人都在不停地蜕变，向新面孔说着你好，向旧面孔说再见。

说再见只需要一秒，写一首送别诗也就三分钟。

例诗 1

赠汪伦

唐·李白

李白乘舟将欲行，忽闻岸上踏歌声。

桃花潭水深千尺，不及汪伦送我情。

作品赏析 ⚠ 汪伦是李白的一个铁杆粉丝，为了见上偶像一面，他说他那儿有十里桃花万家酒店，喜欢美酒美景的诗仙屁颠儿屁颠儿就去了。去了才知道，哪里有万家酒店只有一个姓万的酒店老板，哪有十里桃花只有一个叫"桃花潭"的景点！好在汪伦对李白的一颗真心如长江之水，临别之际，还带领大家给李白唱了首送别的小歌谣。重情的李白即兴创作了这首抒发友情的诗歌，用对比和夸张的手法，借助桃花潭水的美景来抒情。

例诗2

送　别

李叔同

　　长亭外，古道边，芳草碧连天。晚风拂柳笛声残，夕阳山外山。天之涯，地之角，知交半零落。一觚浊酒尽余欢，今宵别梦寒。

作品赏析 ⚠　诗歌和音乐、绘画从来不分家。古典意象营造出的画面再配上柳笛的残声，节奏感格外立体，离情别绪的抒发自然而水到渠成。

推陈出新

七岁买葱

宽窄

所有的气味排好队
向我打招呼

我的鼻子像一条小狗

给眼睛和嘴巴带路

我见过葱花，如同见过春天
落入一碗番茄煎蛋面

但是葱花喜欢穿韭菜的外套
我提了一把韭菜回家

我找啊找，从童年的餐桌
找到中年的菜市场

花钱也买不到七岁时
那个傻笑

技术指导 ❗ 古代送别诗中经常出现的系列意象：酒、歌声、柳条、水、渡口、阳关、长亭、短亭、古道……这是送别诗中为抒情造的景；所抒之情不外两种："莫愁前路无知己，天下谁人不识君"这是离别之乐观；"劝君更尽一杯酒，西出阳关无故人"这是离别之哀伤。现代诗要突破这些老套的意象和传统的老梗，借助现代意象来表达现代人更为繁复的情感体验。

思维拓展 ⚠️ 每分每秒我们都在和自己及万物告别，说再见。我们对古代送别诗的解读忌讳陷入老套、机械和僵化。杜甫老先生还说"恨别鸟惊心"呢，古人的离别岂止局限在和家人、情人、友人的套路里呢？孩子们要打开思路，选材忌狭窄，和动物植物、和时间空间、和上一秒的念头、和打碎的汤碗以及童年的自己都可以说再见呢！对再见这个词义的剖析也更加多元化，再也不见或者别后重逢……赋予再见这个命题以深刻的哲思，而不仅仅只是肤浅的呻吟、苍白空洞的抒情了。

师生擂台·前浪队 ✏️

像个傻瓜一样

宽窄

我要换种方式再见你
以桑叶被蚕吃掉的速度靠近你
避开光速爆炸引来的热伤

以焗瓷大师的准确和敏感修补你
这一碗破而不碎的清水，干干净净
我只端给你喝

还记得那些 V 字领的雪山吗
我想你的时候
就想起高原上低头吃草的牦牛
就摇一摇拴在小指上的红线
千山万水都变成一张缩略图
一抬脚，就跨了过去

我要换种方式再见你
我心里藏着的那个小女孩
遇见你心里藏着的那个小男孩
虽然我们早已不年轻

师生擂台·后浪队

生　日

郑昊宇（12岁）

村庄静静的

白桦林也静静的

远方稻田现在是青色

我仿佛看见了爷爷对我的爱

胜过了对稻田的爱

那天的三更夜里

爷爷悄然离去

而我

却在床上睡着了

在梦里也没有说再见

现在的稻田绿了，我也长高了

我看见爷爷在天上对我笑

我却哭了

再见，爷爷

许多年后，我们在天上

再见

说再见

邓云飞（11岁）

昨天是星期三

我和昨天的烦恼

说再见

前天是星期二

我和前天的怒气

说再见

今天是星期四

今天的情绪

晚上说再见

再见，小乌龟

王怡涵（10岁）

我走后，就没人给你磨壳了

我走后，你就吃不到肉了

我走后，大池塘也离你而去了

回来，你就瘦成一张纸了

再　见

郭泽邦（9岁）

我说一起吃炸鸡吧

最后一次了

我说天冷了

你冷不冷

我说送你到机场吧

最后一次了

可是最后那句再见

却没说出来

第六堂课
小屁孩儿的乡愁

　　四岁的时候，我离开妈妈，跟着爸爸到他任教的学校读幼儿园。每次再见妈妈都是七天以后，那时候真的是度日如年，掰着手指头数日子。每次妈妈离开的时候，我都哭得死去活来，后来逼得她有一次就悄悄走了。我对故乡没有什么地理概念，我只知道故乡有妈妈，妈妈就是我的故乡。

　　再后来，独自到异地读大学才体会到乡愁的滋味。想吃妈妈做的家常菜，想吃家乡的土特产，感冒的时候特别想回家。更大的乡愁是待在欧洲的那两年。过年的时候，一边吃着自制火锅一边在电脑上看春晚，然后无法自抑地想家。

　　故乡并不只是一个空间地理概念，很多留守小孩在心理体验上，爸妈打工的那个沿海城市反而更接近故乡。更多远走异国他乡的游子在引入他者文化做参照物之后，对故乡的鄙陋大胆地批判，比如鲁迅先生。甚至有的人在被异化的故土找不到归宿，反而把他乡视为灵魂、精神上的故乡。在古诗词中，乡愁早已被固化，作为一个过去时态的名词，作为一个具象的地点，它几乎不指向未来，也不指向虚幻。因此，现代诗不是简单机械地复制乡愁，而是从大量的古代怀乡诗中学会反转，写出不一样的乡愁诗来。

小孩子难得有乡愁，就不必无病呻吟。但是，在全球化的时代，他们也有对自己现代身份的焦虑和认可，只是很多时候不自知——比如，籍贯地和成长地哪一个是故乡的问题。

例诗

静夜思

唐·李白

床前明月光，疑是地上霜。
举头望明月，低头思故乡。

作品赏析 ⓘ 不想再去考证"床"字有多少种理解，窗也好井也罢，也不想再去探究两处"明月"的代指到底是月亮还是李白的小女儿，只要知道李白在运用空间转换、虚实结合的方法抒发对亲人和故乡的思念即可。这首关于月亮的诗，牙牙学语的小朋友都会背，可是却很难进入乡愁的情感体验。更多的小吃货们在举头望明月的时候，想到的却是低头啃月饼。乡愁并非人人都有，然而愁绪、怀想和思念却是人类普遍的共同的经验，儿童也不例外。

推陈出新

一小块月饼那么大的乡愁

宽窄

乡愁什么气味
我怀疑是桂花的香气
很想给风发个微信
用语音问
月亮的背面有外星人吗

乡愁是什么形状，什么声音
是声音里的缺口，是三角板的尖顶
咔嚓，咔嚓
在这个举头望明月的日子
我还是低头啃月饼吧

伙伴这么近，知音那么远

技术指导 ① 乡愁是一种抽象的情感体验，如何化抽象为具象呢？当然是赋予它官感，色彩，形状，味道或声音，这些可以触摸可以感知的细节。乡愁是一面镜子，它映照的是自己内心的欲望和潜意识中从未到达的未知领域——而乡愁的背面又到底是什么？

思维拓展 思维需要反转。打破乡愁是时间和空间概念的固化表达，探索指向未来和指向灵魂的乡愁书写。

师生擂台·前浪队

煮时间

宽窄

有的是宝贝
从集市里淘出
橄榄多少欧一斤
我潦草地兑换

去上海餐馆吧
异国他乡的中国菜
叉在左，刀在右

筷子短得像一个广告牌

把心交给钟声

把胃交给这片面包

异乡人啊

想吃家乡的小面

只有把星星搅拌成辣椒

月亮看成一个碗

煮时间

师生擂台·后浪队

乌云尿床了

雷爱（9岁）

住在威尼斯的乌云

起床了

摸摸它在英国的屁股

哇！屁股居然湿了

画了一张好大的世界地图

乌云气呼呼

去找住在中国的——

太阳烘干机

乌云一路走，一路尿

从南半球到北半球

唉，可怜的企鹅呀

唉，可怜的北极熊呀

它们淋了一场乌云牌的

冷水浴

有家的流浪汉

杨宁（9岁）

妈妈来自康定

爸爸从甘南来

我，出生在成都

我的故乡又在哪儿呢

每晚

别人都在满月下思乡

我却只能对着属于

自己的弯月

思索着

混沌的故乡

大富翁

索朗旺姆（10岁）

我喊爷爷给我寄点钱
爷爷很节俭
却给我寄了五百元
他不知道我不要钱，只是想他

找爸爸

郑昊宇（11岁）

暴风雪如远方
城市一般，挡住了视线
月亮好似一把弯钩
我多想把燕山之外的爸爸钓回来啊
我没有如风的快马
也没有奔腾的猎豹
唯有一双灵活的腿
翻过春夏秋
爸爸，会站在冬天
等我

第七堂课
唯有思考让我们
更高级

在讲授儿童哲理诗创作这节课的时候，我会先给孩子们"钉"好三个思维的坐标系：联想思维、逆向思维和发散思维。之后再抛出一个个意象，和孩子们一起剖析这些思维力的具体形态。

首先是联想力的训练。我拿出一个小石头，请孩子们来做两类联想，一类是相似相近的联想，答案五花八门：胆结石、小心脏、肥皂泡、煤球、汤圆、地球的一颗痣、熄灭的灯、沉默……当然在这些联想中又分为两类，一类是取其形似叫"近取譬"，比如煤球、汤圆之类；另一类取其神似叫"远取譬"，即初看风马牛不相及，但细品极神似，比如"地球的一颗痣""熄灭的灯""沉默"这样的联想物。所以，孩子们可以写下"石头是……"这样的句子。

除了相似相近联想之外，还有相对或完全相反的联想。与石头相对或完全不相干的意象很多，比如水、种子、火、海绵、青苔、人心、女人、鸡蛋，等等。于是，"石头不是……"的句子也接踵而至。

接下来是发散思维。围绕这一个小石头可以画出无数根小枝丫的思维导图，比如从形状、大小、颜色、味道、材质质感、功能用途、环境、身世来历等方向展开联想。除了写这个石头本身之外，还可以写附着在它身上的青苔，流过的河水，河水里倒映的蓝天白云，掠过河面的小鸟，无意中被扔进水里的草籽，或者这一个石头旁边更多的小石头……

诗歌不是散文，所以不是每一个联想都要去写到，它需要跳跃和留白；所以在必要的地方，要突然中断联想，斩断本体和喻体之间的桥梁和联系。

最后一个出场的是逆向思维，我把它叫作"反常规思维"，这是培养孩子思辨力和创新视角的一个有力武器。围绕着石头，我展示了一册绘本《弗洛拉的花》——所有的兔子都在花盆里种下了花的种子，只有弗洛拉种下的是一块砖头，她给砖头浇水松土，坚信它能长成一座房子。她怪异的思维当然被嘲笑了，可是结尾的反转救了她，或者说逆向思维救了她——一块砖头对人类或者大型动植物来说只是一块砖头，但是对一片青苔、一颗种子或者一只在上面筑窝的小鸟来说，这块砖头就是一所房子，就是一个温暖的家！曾经看过一个科教节目，一块砖头或者石头在两千七百度的高温下可以像水一样流淌，所以，当我们写下"石头在流淌"这样的诗句就不足为奇、不足为怪了。

例诗

题西林壁

宋·苏轼

横看成岭侧成峰，远近高低各不同。

不识庐山真面目，只缘身在此山中。

作品赏析 ⚠ 欣赏东坡君的生活态度和处世哲学，只有豁达、乐观的心胸才能在苦涩又贫寒的日子里尝出甜头来。"一根筋"可以是执着也可以是愚蠢。面对同一座大山，横着看竖着看近了看远了看都不尽相同，角度和立场变了，结论自然变。所以，俗话说得好"当局者迷，旁观者清"。

推陈出新

断章（节选）

卞之琳

你站在桥上看风景

看风景的人在楼上看你

明月装饰了你的窗子

你装饰了别人的梦

远和近（节选）
顾城

你
一会看我
一会看云
我觉得
你看我时很远
你看云时很近

早起的鸟（节选）
（美）希尔弗斯坦

如果你是小鸟，你一定要起早。
把那虫虫捉到，好把早饭吃饱。
如果你是小鸟，你一定要起早——
可如果你是虫虫，最好睡个懒觉。

技术指导 ⚠ 儿童哲理诗篇幅较为短小，文字干净利落。常常截取生活中的点滴碎片或者一个剖面进行聚焦式的呈现，可以对话也可以是某个场景再见，最后以螺旋式的哲思收尾，较之一般的童趣诗或者抒情诗更有思想的深度，耐人咀嚼和回味。

思维拓展 ⚠ 哲理诗的创作并非传说中那么难，当然也不是那么简单。千万别低估了孩子的思维力，一个看似平常的生活事件，换个角度就会得出不同的新见。所以，对比、换位思考、相对论、逆向思维和联想发散思维对孩子的多元视角和创新思维的培养都极为重要。

师生擂台 · 前浪队 ✎

一群山的单人照

宽窄

人类很小的时候，山就老了
我只是它的一条皱纹

那些天上的云朵
和它们在水中的倒影
一样深不可测

不如弯腰采几朵蘑菇

它们是落在大地上的云

你小心绕过拖着花瓣的蚂蚁

就像我避开那些心爱之物

虽然距离成熟还有一段距离

在天长和地久之间

我无法完成一张合影

师生擂台·后浪队

面　具

王一婷（10岁）

在这个世上

面对他人

你戴上了一张张面具

面具戴久了

或许会忘了本来的

模样

一家三口

邹沁芮（10 岁）

冰妈妈生气了

原来是冰爸爸藏了私房钱

冰儿子连忙安慰冰妈妈

太阳出来了

冰爸冰妈和好了

冰爸抹着汗对儿子说

"你以后不要背着你老婆藏私房钱哦！"

墨色日记

杨宁（10 岁）

他在昨日嬉笑

我在背后哭泣

雨水冲刷下光鲜的面具

演出服将我包裹

围脖将我囚禁

该你上场了

背过身

系好面具

玩偶站在聚光灯的寒冬中
哈哈哈

雪　花

白知恒（9岁）

雪花有根茎吗？
它的生命很长吗？
水是它的父亲还是儿子？
嗯，辈分有点儿乱。

地板舞

张雅涵（10岁）

扫把跳起舞来了
每一寸地板都是舞台
比皮鞋还反光
扫把是方向盘
我是驾驶员
我叫它往东
它绝不敢往西

胡　杨

梅馨月（10岁）

在沙里，与沙为敌
在风中，与风为敌
我知道你是怎么活过来的
却不知你怎么死去

背　影

雷爱（9岁）

植物的背影
比人的背影乖
一只鸟，倒是自由了
背影呢
永远都没有自己的路线
它没有眼睛没有鼻子没有嘴
待到千万个影子在马路上集合的时候
也是六亲不认

第八堂课
什么？绘本也是诗？

绘本和儿童诗在很多地方不谋而合：画面感，叙述的跳跃和留白，简短干净的文字，页与页之间的伏笔和悬念。很多无字书，比如《灰袍奶奶和草莓大盗》都是孩子练笔、给图画配写文字的好机会。而最有趣的还是把孩子们的插画文字改写成一首首儿童叙事诗。

这是一次大胆的尝试，没有前人的经验可以借鉴，所以，我必须摸着石头过河，小心翼翼。中国台湾漫画家幾米的《地下铁》成了我的第一个试验品——不是整本书，只是其中的一页，一幅画面。在不了解剧情的情况下，让孩子们脱离绘本展开自由的想象。

这幅画用两个页面画了两个大笼子，左边关着一个小女孩，右边关着一个巨大的月亮。

这幅画面激发了孩子们的好奇心，一个个问题像小鱼吐出的一串串水泡泡：为什么月亮被关进笼子里了？谁关的？小女孩是因为去救月亮也被关进了笼子吗？月亮会不会魔法？它是不是巫师变的？有了这些具象的思考，我们进一步引导孩子们拓展思维：这个月亮可能是假的，只是一个玩具月亮，这个小女孩也可能是假的，只是一个玩具小女孩。孩子们倒吸了一口凉气，一副很服气的样子。于是，更多脑洞大开的想法出来了：这可能是一块桌布的一角，这可能是一对挂在耳朵上的耳环……思路打开后，孩子们开始进行深入的探讨：自由和囚禁、快乐和悲伤、光明里的黑暗……于是，孩子们就写出了下面的诗行：

笼 子

王一婷（9岁）

小鸟被关在鸟笼子里
月亮被关在宇宙的笼子里
我呢
我被关在作业这个笼子里

明 暗

王一婷（9岁）

有一对耳环
其中一个亮
一个暗
暗的是笼子里有小孩
亮的是笼子里有月亮
这对耳环真漂亮

抛了第一块砖之后，我准备引出《失落的一角》这块玉了。这是一个关于形状的故事，圆形、三角形、直线、曲线和许多不规则形状在故事里相遇又分离。

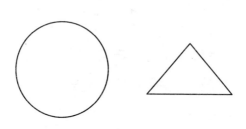

这一次，我一幅幅地展示了一系列图片，每一幅图片用一句话来描写，每一句话就是一句分行诗，孩子们把每一行都记录下来，于是就有了一首完整的叙事诗。孩子们的儿童视角既天真又好玩，既出人意料又在情理之中。

接下来就是给学生们展示绘本原文的时间了。《失落的一角》文字本身自带诗意，也有跳跃和留白，但是绘本毕竟还是绘本，它的节奏整体舒展、缓慢，更接近散文，所以，此刻语言的分行、文字删繁就简的修改就显得格外重要，这个环节也是最考验老师功力的一环了。怎么分行？在哪里分行？哪里跨行？怎么处理过渡？哪个句子省略留白？这些都是功力。否则，孩子们即兴记录下来的分行文字就会变成一堆流水账。

例诗

失落的一角（节选）

（美）希尔弗斯坦

它缺了一角

它很不快乐

它动身去找失落的一角

上山

下山

有一回终于找到合适的一角

它却轻轻放下了

技术指导 ⚠ 从绘本到儿童诗的改写，这是个技术活。《失落的一角》里有大段大段的对话被我砍掉了，变成一种第三人称的客观叙述。这个绘本的结构是一种鲜明

---

* 注：**本章因内容及示例具有特殊性，故体例区别于其他章。特此说明。**

的前后对比：丢失一角之后和找到一角之后的对比。诗歌的改写可以不遵守这种结构模式，我放大了寻找的过程，收缩了寻找的结果，结尾用一个动作收网"它却轻轻放下了"，制造了反转、留白和悬念。历经千辛万苦找到丢失的一角，它却选择了放手、放下，为什么？没有答案，诗歌只呈现，不提供答案。此刻戛然而止的节奏就像指挥家的指挥棒突然往空中一挥又突然停止。这是交响乐的魅力也是叙事诗的魅力。

思维拓展 ⚠ 跨界是当下很时髦的一个词，文字的触角很敏感也很尖锐，它可以渗透到绘本、音乐、绘画、建筑及雕塑中。反过来，诗歌也可以被其他艺术形式"跨界"。同样的，除了叙事诗之外，绘本还可以被改写成其他诗体，比如《猜猜我有多爱你》《逃家小兔》，等等，这种改写在对话体的童诗创作章节，我们会详细谈到。

师生擂台·前浪队 ✏️

离家出走的小可爱

宽窄

如果小羊变成一根青草
老羊就变成一片宽阔的草原
让凶狠的野狼找不到猎物

如果小向日葵变成了一句坏话
老向日葵就变成一百句好听的话
给火山那么大的愤怒灭火

如果小孩子变成了一幅画
老顽童就变成画画的人
让童年去到所有想去的地方

师生擂台·后浪队 ✏️

地平线

杨宁（11岁）

张大嘴巴想要吃掉地平线

地平线下降了几分

会不会影响口感呢?

为什么我永远没有正脸

我跃入空中去看插在土里的你

你是不是比地平线好吃一点

我飞得比上次高

地平线困住了我

第九堂课
图像诗

节奏只能通过音乐来完成吗？当然不是。在诗歌中，节奏还能通过图像来表达。图形诗也是诗的一种表达方式，比如宝塔诗就是图形诗的一种。唐代的一位僧人被奉为宝塔诗的鼻祖，李白、白居易和元稹等大牌诗人都曾经写过宝塔诗。顾名思义，宝塔诗就是诗的外形酷似一座宝塔，标题为一个字如竹、茶、诗，等等，诗行也有字数限制，分别为一、三、五、七、九。

在《儒林外史》中有一首幽默的宝塔诗记载如下：

呆

秀才

吃长斋

胡须满腮

经书不揭开

纸笔自己安排

明年不请我自来

宝塔诗终究没有成器而流于文字游戏。但图像诗探索的脚步并未停止，在 20 世纪的法国诗坛，阿波利奈尔也创作了大量图像诗，比如用字母拼搭出埃菲尔铁塔的造型。

美国的绘本大师希尔弗斯坦也在做图像诗相关的尝试，他在诗中讲述了聋人唐和多嘴苏的故事。聋人唐和多嘴苏相遇，多嘴苏喜欢聋人唐，就对他说："唐，真心喜欢你的人是我。"可是，聋人唐只会比三个动作：大拇指指着自己；双手交叉放胸前；最后用食指指着多嘴苏。于是，多嘴苏又问："你是不是也喜欢我？"聋人唐依然是那三个动作。多嘴苏看不懂，只好离去。结果，聋人唐那三个动作表达的意思是"我爱你"。

中国台湾诗人陈黎利用四个汉字"兵、乒、乓、丘"的特点，创作出了一首叫《战争交响曲》的图像诗。1978年，诗人尹才干率先在中国大陆创作现代图像诗。

说了这么多，还是给个定义吧。图像诗是指利用词语、诗行的排列来创造与内容吻合的图案或形状的诗歌，图像诗也被称为"隐形的画"。

个人以为，图像诗虽然小众，但在儿童诗的创作中却不容小视。它首先是打破了孩子们对诗形的固有观念——诗并不只是豆腐干，诗的分行、跨行可以根据图形和诗的内容进行勇敢的尝试和创新；其次，练习分行的手感；最后，可以激发孩子们对写诗的兴趣——孩子们都喜欢即兴涂鸦，他们可以在玩耍中找到文字和图像的契合点。

例诗

婚前婚后的人

朱赢椿

前年

我一个人生活

人　神仙一样快活的人

去年

我两个人生活

从　此变成另一个人的随从

作品赏析 ⓘ　这首作品后面还有三行——"今年 / 我三个人生活在一起 / 众 / 人只把我当成最忠实的听众"。整首诗是对汉字拆解的一次尝试，运用"前年""去年""今年"等时间名词连结过渡。"人""从"和"众"这三个字的排列刻意为之——空格，字号加大，字体加粗，以显突出。从"人"到"从"再到"众"的汉字叠加演变，看似形体的变化实则是生活状态和生命体验的变化。一个人是孤独的但却最自由最快乐，自己和自己相处；两个人要合拍就会牺牲很多自我；三个人是最热闹的但有时也最无趣。

推陈出新

对　话

宽窄

大拇指站起身来说："棒棒哒！"

食指点点头："一起来吧！"

中指气呼呼地说："哼，鄙视你！"

无名指笑眯眯："明天我要嫁给你啦！"

小拇指弯下了腰："来，拉钩！"

当五根手指握成一个拳头的时候

快跑吧！别被它们打成核桃仁！

技术指导 ⚠ 我自己归纳总结了一下，儿童图像诗的创作主要有三种方法。一是排列法，通过词语和诗行的排列组合成一首完整的图像诗，比如宝塔诗、楼梯诗；二是汉字拆拼法，可以用一首诗来拼出某个汉字，也可以把一个汉字拆解成一首诗；三是置换法，就是用线条和色彩来表达原本应该由音乐和节奏来完成的部分。比如蝴蝶诗、猫形诗、气球诗，等等。

思维拓展 ⚠ 在儿童诗歌写作的教学中，我越来越觉得我们不应囿于一隅，把自己禁锢在既有的经验中。实际上，以图像诗的现代创作方式来说，我们还真可以进行不拘一格的尝试，比如先画图像再填诗句，说不定也能得到另一番乐趣呢！在这个方面我相信，以孩子们充沛的想象力，他们一定做得比我们好。

师生擂台·前浪队

十 字

宽窄

北

斗

我在星星下跪拜

呀

北

斗

寺

师生擂台·后浪队

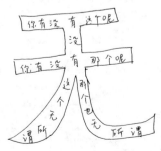

无 所 谓

张胶佳 8岁

你有没有 这个呢

没

你有没有 那个呢

这 那

无 个 个也

谓所 无 所 谓

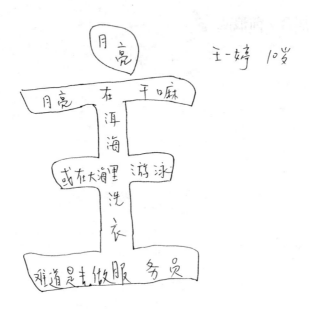

王婷 10岁

月亮

月亮 在 干嘛

或在大海里 游泳

难道是去做服务员

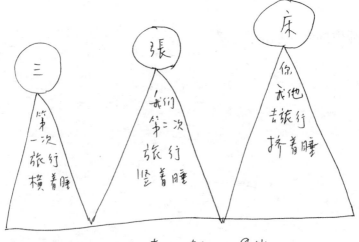

三

床

张

你 我他 去旅行 挤着睡

我们 第二次 旅行 竖着睡

第一次 旅行 横着睡

袁光吉 9岁

没饭吃

王怡澄 10岁

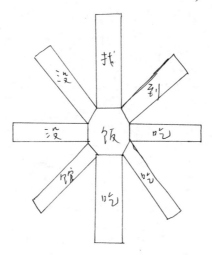

蝶

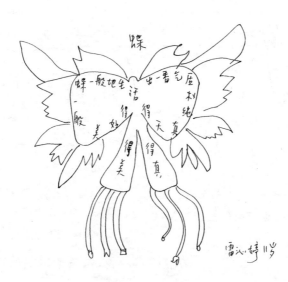

雷沁婷 11岁

手语

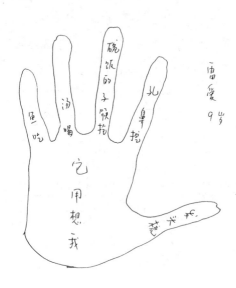

鱼吃

汤喝

碗饭的子筷拿

扎鼻挖

它用想我

苍犬蝇

雷爱
9岁

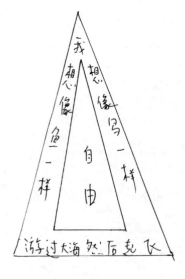

我想像鱼一样

想像鸟一样

自由

游过大海然后起飞

我爱
想
我爱
我

潘子暄　11岁

种 树

杨宁 11岁

现在
我 想种一棵沙柳
在沙漠里
于是
就有了网上森林
爸爸妈妈帮我
在里面
种了一棵沙柳
三年后
它将在库尔其
长成
这样

第十堂课
我和摩天大楼
哪个高?

"危楼高百尺，手可摘星辰"，这种体验我曾有过。许多年前，我一个人拿着一张地图啃着黄瓜就上了峨眉山。徒步到达接引殿时，天已经黑了。整座山都是黑的，只有天上是亮的，漫天繁星，又大又干净，就像一颗颗发光的葡萄，让人以为只要一伸手就能摘下一颗。那时候，真有一种飘飘欲仙、活在天上的错觉，仿佛整个大地都被我踩在脚下。

　　后来又去爬了青城山、华山，登了海拔五千多米的高原雪山；再后来登上了比萨斜塔和埃菲尔铁塔。爬山登高、坐摩天轮和登塔楼都是人类对高处的渴望，飞机也是，火箭、宇宙飞船都是。人年轻的时候总喜欢攀比，跟别人比，跟自己的过去比。如今人到中年，恍惚觉得攀比是一种可怜可耻。人迹罕至的不只是高处不胜寒，在抬头仰望星空的时候，人要懂得欣赏低处的风景。

　　低处自有别样风光。

例诗 ✏️

登鹳雀楼

唐·王之涣

白日依山尽，黄河入海流。

欲穷千里目，更上一层楼。

作品赏析 ❗ 　古代历史上有名的高楼有四座，分别是湖南岳阳楼、江西滕王阁、山西鹳雀楼和武昌黄鹤楼。几乎每一座高楼都留下了一首名篇佳作，范仲淹的《岳阳楼记》、王勃的《滕王阁序》、崔颢的《黄鹤楼》和王之涣的这一篇《登鹳雀楼》。每一座高楼每一首诗背后都流传着一个好玩的故事，登高诗成了传统文化中的一颗珍珠。在王之涣登上鹳雀楼之前，还有无数诗人都登过，比如畅当的"迥临飞鸟上，高出尘世间。天势围平野，河流入断山"，只是都被王之涣的冠军诗无情碾压。王诗前两句写景，白日和黄河色彩对比鲜明，一个"依"字写尽了白昼的恋恋不舍，这两句似乎写出了目之所及的尽头，但三四两句随势一转——这还不是美景的最高级别，也不是眼睛看到的天地尽头，真正的最高级永远在更高处。这两句书写的是作者的主观感受和阔达的胸怀志向。反观畅当的诗,四句写景,诗人的主观感受隐匿在那一句"高出尘世间"。你更喜欢哪一首呢?

推陈出新 🖊

好高骛远

宽窄

我的家是一列小火车

爸爸是火车头

他生气的时候鼻孔会冒烟

我是第二节车厢

躺在中间最安全

火车尾是妈妈

因为她是个近视眼

总是想东想西

站得高却看不远

技术指导 ⓘ 登高是古代的一个文化传统,充满仪式感。远古祭天地都有特定的场域,通常都比周围的建筑物高,后来演化成民间日常生活中的登高怀远以寄托对远人或者家乡的思念。亭台楼榭就成了人眼猎取远景的平台，而非现代的物质器械，比如眼镜、望远镜、显微镜，等等。这首诗前半部分的拟人手法皆沿袭原诗，但后半部分推陈出新，运用近视眼镜的现代意象，运用逆向思维，发出了"站得高就一定看得远吗"这样现代性的追问和质疑，颠覆了古诗原有的诗义层面，这便是这首古诗今写的意义和价值，表达的是现代生存境遇中的现代感受和体验。

思维拓展 ⓘ　站得高就一定看得远吗？就这个话题，和孩子们展开了一个小小的辩论会。回答五花八门，绝大部分答案是不一定。有的孩子说，万一登高者是个睁眼瞎呢，即使美景摆在眼前，也未必看得到或者看得心不在焉；也有的孩子说，起点高是好事，但坚持到终点才会笑到最后……

　　思维打开之后，我们需要转换思维频道，完成从古代到现代的穿越。登高的传统早已丢失了原本的仪式感和文化符号的所指，一个视频就能解渴的思念干吗非要跑到郊外的塔顶去对月唏嘘呢？当然，这种傻气并未绝迹，也自有它的可爱之处。语境的变化需要我们注入新的元素并拓展登高的选材和意象，我们不一定非要登楼才叫登高，有些高度是看得见的，而有些高度是看不见的。对孩子而言，登高诗可以写身高、恐高、比萨斜塔的高、房价的高和心比天高……反之，也可以写矮。生活中，这样写高度的素材比比皆是。

师生擂台·前浪队

飞行器

宽窄

我是个不懂飞行的人

学过猴子爬树

却没有摘到月亮

我努力制造了许多翅膀

有时候是竹蜻蜓

它代替眼睛在空中悬浮

对人事的潦草做认真的梳理

有时候是纸飞机

它代替耳朵去远方

识别乘客的笑声和哭声

这么多的翅膀飞出大地

降落在时间的尽头

好奇心是最大的飞行器

我只是它不小心散落在人间的
一个零件

师生擂台·后浪队

我的身高

韦丹然（10岁）

小时候的我
总是抬起头
圆圆的小脸望着妈妈
妈妈拍拍我的头
"快快长高吧！"

现在的我
快有妈妈那么高了
妈妈拍不到我的头了
"再长高点吧！"

我想象着三十年后的我
这回轮到我拍拍妈妈的头
笑着对她说

"看，我比你高啦！"

高与矮

蔡怡暄（10岁）

我是一片雪花
起飞时
我比树高
降落时
我比蚂蚁还矮

长得高

邹沁芮（11岁）

长得高就好吗
长得高可以扣篮
长得高可以玩
但长得高撞门框怎么办
床不够长怎么办

高

胡宇翔（10岁）

小猫比老鼠高

小羊比小猫高

老虎比小羊高

什么是高

为什么楼总比人高

为什么爸爸总是比我高

心比天高

李若宁（10岁）

我想给高组个词语

身高，山高，恐高

心比天高

视　角

袁铭作（11岁）

鹅并不高

它看人比它矮

牛那样高

它看人比它高

一个骑在鹅背上的人

看一个人比他高

一个骑在牛背上的人

看一个人就比他矮

两个傻小子

李令睿（11岁）

有一天

两个傻小子比高

一个智商高

一个身材高

总之说来

都没我高

第十一堂课
边塞，你的花园
已变成战场

　　《全唐诗》收藏的边塞诗多达两千多首，不好好学习一下真的是浪费资源，对不起老祖先人呐。王昌龄、王之涣、高适和岑参被尊称为"边塞四杰"。围绕他们的故事很多，最为有名的还是在酒亭子里斗诗的典故——旗亭画壁。相传有一天，二王和一高结伴喝酒，大家酒酣之际，席间听到梨园女艺人唱曲，就约定好哪个诗人的诗被唱到了就在墙壁上划一道杠。王昌龄和高适的诗都被前面几个女艺人唱到了，这让王之涣脸上有些挂不住，他不服气地哼了两声："唱你们词的艺人都很普通，只有名角儿才配唱我的词！"果不其然，那个最有名的女艺人浅吟低唱的正是王之涣的《凉州词》："黄河远上白云间，一片孤城万仞山。羌笛何须怨杨柳，春风不度玉门关。"就这样，王昌龄和高适被无情碾压，甘拜下风，而王之涣勇夺斗诗比赛的冠军！

　　控诉战争的灾难，描写边关戍守的生活与苦闷，呈现边疆塞外的美丽风光都是边塞诗聚焦的话题。边塞诗的诞生和流行有它特定的时代和历史背景，兵荒马乱的战争似乎离我们现在的和平年代遥远，离我们的童年生活圈子遥远，但战乱和争斗从来就没离开过，只要有人和动物存在的地方就不可能没有战争。

那么，创作现代儿童诗，如何挖掘、开发边塞诗中的养分呢？

例诗 1

出塞二首·其一

唐·王昌龄

秦时明月汉时关，万里长征人未还。
但使龙城飞将在，不教胡马度阴山。

例诗 2

凉州词二首·其一

唐·王翰

葡萄美酒夜光杯，欲饮琵琶马上催。
醉卧沙场君莫笑，古来征战几人回？

作品赏析 ⓘ 　边塞诗以七言为主，充满了浪漫奇崛的气质和风格。有的诗描写异域边塞的自然风光，有的描写战争场面和边疆战士的生活，有的诗作控诉战争的罪恶和苦难，有的则是为了抒发爱国情怀和孤独的思乡之情。

　　罗列了一下边塞诗喜欢用到的相关意象：黄沙、白云、冰川、雪山、塞外、雁门、漠北、玉门关、黄河、羌笛、琵琶、战马、长城、楼兰、胡人、烽火、狼烟、单于、胡姬、阴山……边塞诗也是满满的"套路"呀！

推陈出新

吉祥物

宽窄

期末考试

夹在数学书里的

四叶草

闪着

昆仑玉的光

距离上一次过关斩将已经很久了

保佑我顺利收兵吧

技术指导 ⚠ 生活中的硝烟无处不在。本诗开篇以脖子上的一块老玉起兴，然后由实转虚，猜想着它的来历。虽然历经了成千上万年的演变和进化，玉这一形象依然没有跳出传统文化祈福、保佑平安的窠臼——考试顺利!

思维拓展 我们需要对古老的边塞诗做现代拓展,那就是抓住对地理空间或者物理时间边界的体验和呈现,比如:代沟,现实与梦的边界,家里家外,校园内外,游泳池的边界,床沿,城市乡村,地平线,游戏与日常,及格、录取分数线,沙发,昨天、今天和明天的边界,等等。

师生擂台·前浪队

五官想搬家

宽窄

我的眼睛想搬到河里

去当小鱼的眼珠子

我的耳朵想搬到天上

去当月亮的替身

我的头发想搬到草原上

被成群的牛羊吃进肚子里

我的嘴巴变成了卷子上的勾

鼻子变成了一道叉

手和脚也想搬进森林

被小松鼠当作秋千荡来荡去

只有热气球一样的肚子

不想搬家

哎，老天爷的审美有问题

师生擂台·后浪队

贬义词

雷爱（10岁）

我是一个士兵

在棋盘上

我只能直走

我又不会游泳

怎么过楚河

买手表

胡宇翔（10岁）

在我小的时候
我求爸爸给我买一块手表
我找了许多时间的名言
背了出来
终于把坚硬的爸爸说得
心软了

我的玉门关

王一婷（10岁）

校园是玉门关
把我困在里面
想好吃的，想出去玩
都不可能
下午三点，那个玉门
才开关

楚河与汉界

李若宁（10岁）

汉朝的士兵向前冲呀

楚国立刻摆开了阵势

汉朝居然拿出了炮

砰

楚国的马被轰死了

楚国生气了

派出了车

车向汉朝驶去

撞死了象

你杀我，我杀你

棋盘上真是兵荒马乱呀

口水战

靳智宸（10岁）

一群人在叽叽喳喳

笑着，真欢乐

还不如打口水战

这更有意思

打赢了吐舌头

打输了就献上自己的"膝盖"

我们是在比谁的话多吗

哈哈哈

第十二堂课
穿越！假装我是
花木兰

只要一提到穿越，孩子们就会两眼发光，他们对过去和未来同样好奇。为了让孩子们亲近古典，我选择了一篇有趣的男扮女装的叙事诗《木兰辞》。为了让这块难啃的骨头啃得轻松一点，我用到了大量影音视频，包括观看迪士尼拍摄的动画片《花木兰》，让孩子们聆听花木兰主题的流行歌曲，在此基础上，再来对比文字版《木兰辞》和电影花木兰形象的差异，并且用分镜头的电影教学方法来解读文字版的《木兰辞》。

镜头一	女扮男装代父从军
镜头二	奔赴战场
镜头三	十年征战
镜头四	返乡，恢复女儿身

孩子们很快发现，电影版的结构和诗歌版的结构存在一个巨大的差异。诗歌中大量省略留白的结构出现在木兰奔赴战场和十年征战的情节中，而这两个几笔掠过的部分在电影中却成为重点勾勒和呈现的内容，分别为镜头二和镜头三。

这个发现让大家欢呼雀跃，很有成就感！于是，

107

　　我顺水推舟，提出两个问题：假如你是花木兰，穿越到古战场，你会有怎样的心理和情感体验？男扮女装的你会遭遇怎样哭笑不得的尴尬和难堪？学生中几乎每个人都有过外出旅行的经验，但是接受过野外生存训练的孩子还是少数，所以，他们孩子气的奇思妙想再一次让小宇宙爆发了。

　　花木兰是近视眼吗？戴不戴眼镜呀？她怎么洗澡呢？上厕所怎么办？她想家了会不会哭鼻子？会不会给爹娘写信？她的战马还记得她的马尾辫吗……问题像火山喷发一样，诗情也如泉涌。

　　从学生现场改写古诗的效果来看，用电影来辅助诗歌教学是一种行之有效的方法。

例诗

木兰辞

宋·乐府诗集

　　唧（jī）唧复唧唧，木兰当户织。不闻机杼（zhù）声，惟闻女叹息。问女何所思，问女何所忆。女亦无所思，女亦无所忆。昨夜见军帖（tiě），可汗（kè hán）大点兵。

军书十二卷，卷卷有爷名。阿爷无大儿，木兰无长兄。愿为（wèi）市鞍（ān）马，从此替爷征。

东市买骏马，西市买鞍鞯（jiān），南市买辔（pèi）头，北市买长鞭。旦辞爷娘去，暮宿黄河边。不闻爷娘唤女声，但闻黄河流水鸣溅溅（jiān jiān）。旦辞黄河去，暮至黑山头。不闻爷娘唤女声，但闻燕山胡骑（jì）鸣啾啾（jiū jiū）。

万里赴戎（róng）机，关山度若飞。朔（shuò）气传金柝（tuò），寒光照铁衣。将军百战死，壮士十年归。

归来见天子，天子坐明堂。策勋十二转，赏赐百千强（qiáng）。可汗问所欲，木兰不用尚书郎，愿驰千里足，送儿还故乡。

爷娘闻女来，出郭相扶将（jiāng）；阿姊（zǐ）闻妹来，当户理红妆；小弟闻姊来，磨刀霍霍（huò huò）向猪羊。开我东阁门，坐我西阁床。脱我战时袍，著（zhuó）我旧时裳（cháng）。当窗理云鬓（bìn），对镜帖（tiē）花黄。出门看火伴，火伴皆惊惶。同行十二年，不知木兰是女郎。

雄兔脚扑朔，雌兔眼迷离；双兔傍（bàng）地走，安能辨我是雄雌？

作品赏析 **!** 　花木兰是一个民间故事，如果用俄罗斯当代艺术理论家普罗普的民间叙事学理论来套的话，几乎符合他的叙事结构类型。这是一个封闭式的结构，从女英雄离家到历险和转折再到最后的回归，这个英雄形象的塑造得非常成功。与此同时，结构上详略得当，一句短短的"万里赴戎机，关山度若飞"就把奔赴沙场的千山万水、千辛万苦浓缩了。

推陈出新

当代木兰

宽窄

到了打酱油的年纪

家务活却失传了

干吗要我拖地

明明就有扫地机器人

干吗要我洗碗

明明就有洗碗机

干吗要我写诗

明明就有 AI 机器人

干吗要我学心口算

明明就有计算器

我才不想活在古代
我是当代花木兰

技术指导 ⚠ 很多意象已经完成了现代性的转换，比如：家务活，扫地机器人，洗碗机，奥数，计算器。古代女扮男装代父从军的花木兰似乎早已绝迹，取而代之的是现代育儿过程中对独生子女的过度宠溺。夸张点说，很多孩子都是四体不勤、五谷不分的巨婴。学习缺少内驱力，不是发自内心的求学好学，认为学习只是求取名校的一个跳板。

思维拓展 ⚠ 改写不是要用现代语言去复制一个花木兰的故事，而是从生活实际出发，用儿童化的语言去塑造一个现代花木兰的形象和故事。孩子们可以站在不同的角度和立场，对传统花木兰替父从军的孝道和女孩子的气质做出自己的理解和评价。

师生擂台·前浪队

川剧木兰

宽窄

花木兰

会变脸

语文书上的好女儿

动画片里的捣蛋鬼

电影中的时髦女郎

到底

谁才是真正的木兰

师生擂台·后浪队

我是那匹战马

徐丞琳（8岁）

花小姐原来轻飘飘的

现在重得像块石头

她对我很温柔

不像她爸爸爱打我的屁股

我愿意随她到天涯海角

交 换

雷爱（10岁）

花木兰
我请你吃炸鸡
我给你买滑板鞋
我带你去游乐场
我开着碰碰车
拿着大水枪
带着彩虹糖

请留下你的战马
让我的长发飘起

家 书

朱珍逸（10岁）

亲爱的爹娘
你们身体还好吗
我很久没洗澡了
我一切顺利
没人发现我是女的

祝安康

当兵不好玩

李先晟（10岁）

月亮是我的灯
大地是我的被子
望着寂静的夜
这沉重的盔甲
什么时候才能长出那波浪的长发
一切都回来吧

花木兰之厕所篇

邓欣怡（10岁）

我多么不想再上满是杂草的厕所
我多么不想再洗满是黑面条的水
我多么想回到爸妈那温暖的床

啊，讨厌的冒牌货
啊！世界是多么残酷

第十三堂课
题图诗

题画诗起源于魏晋南北朝，顾恺之、苏轼、唐寅、郑板桥等大牌诗人都是这种艺术形式的追随者。题画诗是诗、书、画结合的一种艺术形式，即在中国画的空白处由作者或者他人题诗，所谓"高情逸思，画之不足，题以发之"——画不尽意之处，由诗补之矣。

题画诗的表现对象多为自然山水和动物植物，比如明代徐渭的《墨葡萄》："笔底明珠无处卖，闲抛闲掷野藤中。"还有唐寅的桃花诗，王冕的墨梅诗和清代郑板桥的题竹石诗。这些题画诗大多是诗人的自况自喻，题材也不会超出动植物的范围，渐渐流于套路，路越走越窄。

现代儿童诗在此方面必须开疆拓土，必须越界。

例诗 1

画 鸡

明·唐寅

头上红冠不用裁，满身雪白走将来。
平生不敢轻言语，一叫千门万户开。

例诗 2

墨 梅

元·王冕

我家洗砚池头树，朵朵花开淡墨痕。

不要人夸颜色好，只留清气满乾坤。

例诗 3

竹 石

清·郑燮

咬定青山不放松，立根原在破岩中。

千磨万击还坚劲，任尔东西南北风。

作品赏析 ⓘ 这三首题画诗都有自况自喻的意味。诗歌的前半部分都是状物特写，后半部分开始借物抒怀、托物言志，隐寓了作者藐视俗见的刚劲风骨。

推陈出新 ✎

长鼻怪

宽窄

匹诺曹有个奶奶

鼻子比匹诺曹还长

却从不撒谎

她用长鼻子干了多少好事呀

晾衣服

当擀面杖

给迷路的人指路

在鼻尖上放条蚯蚓钓鱼

还有好多小人在她鼻子下荡秋千呢

嗯

这个奶奶肯定不是亲生的

技术指导 ⚠ 写人状物总归要抓住最突出的、最独一无二的特点。爱说谎的匹诺曹是儿童时代的大明星，他的长鼻子陪伴了一代又一代人的成长。那么，长鼻子除了是说谎的代名词，它还有别的用处吗？带着这个问题去思考和挖掘，答案一个接一个地冒出来。长鼻子的奶奶是个正面教材。除了夸张、排比、递进的手法，本诗结尾水到渠成又让人"扑哧"一笑。

思维拓展 ❼　为了打破古代题画诗的套路和局限，我们将题画诗拓展为题图诗。不论是画、书法作品、摄影照片还是图片，不管是动物、植物、器物还是人，天地万物都可以作为诗歌描写和表现的对象。接着，我给孩子们展示了四幅图。

　　第一幅图是大眼睛娃娃，出自美国女画家玛格丽特·基恩之手。她被丈夫囚禁在小黑屋十年，她的画作被丈夫冒名顶替，她本人也成了丈夫追名逐利的画画机器，她笔下大眼睛的娃娃眼神越来越忧郁。第二幅图是一张新闻报道中的照片。这是一个非洲的黑人小孩，他是一个失去双腿的残疾人。此刻，他用白色粉笔在水泥地上为自己"安"了一双假肢。接下来的图片来自于《荒诞书》——许多小动物飞到一个叔叔的大胡子上筑窝。最后一幅图是一个长鼻子的老婆婆。我向孩子们提了很多问题，比如大胡子除了可以当鸟窝，给鸟儿们孵蛋，还可以干什么用？长鼻子呢？这几幅图都运用了局部夸张的手法，以此来突出画中人物的主要特点。这种聚焦式的表现方式可以被借用到诗歌的写作中来。

师生擂台·前浪队

借尾巴

宽窄

向谁借尾巴好呢

向喷泉借尾巴

打开喷头随时淋浴

向流星借尾巴

这样就不怕走夜路了

向仙人掌借尾巴

全世界都不敢惹我

向猫头鹰借尾巴

再也不担心会迷路

向壁虎借尾巴

再也不害怕死亡

我还要向取款机借尾巴

花不完的零花钱

至于孔雀的尾巴先不借

太自恋了

师生擂台·后浪队

两只耳朵

李若宁（10岁）

一个男孩手持面具

他一只耳朵尖一只耳朵圆

一只听坏话一只听好话

可是他为什么哭呢

因为好话和坏话打架啦

鼻　子

朱珍逸（10岁）

面具上

那个红鼻子

是被笑红的

哭泣时变成蓝鼻子

睡着了就变成粉色的

它也说谎

但从来不变长

小　丑

刘香灵（11岁）

我永远戴着面具

永远穿着戏服

每个人都知道

我是观众的开心果

但谁是我的开心果呢

大胡子叔叔

冯欣媛（11岁）

有一天

叔叔吃了一颗种子

胡子就变成了百宝箱

第一天我爬上胡子滑滑梯

第二天我拿起胡子刷地板

第三天我去游泳

借叔叔的胡子当浴巾

第四天叔叔哈哈大笑
原来可爱的小鸟
来安家了

无　题

袁铭作（11岁）

那笑容可掬的面具上
绳已经断了
在那忧伤的脸上
快乐是被放弃的
于是扯断了绳
不再戴上笑容

第十四堂课
文字"画"出来的
山山水水

"诗中有画，画中有诗"，这个评价是王维的专属印章，但实际上，这也是赠送给古代山水田园诗的一句评语。

如何用文字在诗歌中画画？

如何营造画面感？

颜色词的运用自然重要，各种颜色的呼应、对答，或者颜色的对比和彼此抵消都是塑造形象的不二法门。线条的勾勒也是如此。比如《暮江吟》："一道残阳铺水中，半江瑟瑟半江红。可怜九月初三夜，露似珍珠月似弓。"点、线、面的几何图形在这首诗中上天入地，得到完美地交错、演绎。

而空间轮廓的塑造更是让一首诗栩栩如生、充满立体感的秘密武器。比如"鱼戏莲叶东，鱼戏莲叶西，鱼戏莲叶南，鱼戏莲叶北"，画面的聚焦和画面的切换同时存在，动静结合，虚实相生，而且描写和勾勒事物有条不紊，秩序井然。

最后一条，当然就是中国水墨山水画的留白了。比如王维的《鹿柴》："空山不见人，但闻人语响。返景入深林，复照青苔上。"空山并不是真的空，只是诗人"计白当黑"反摄取他要描写的山水局部而已。陶渊明的《饮酒》："采菊东篱下，悠然见南山。山气日夕佳，飞鸟相与还。此中有真意，欲辨已忘言。"

有些景物的描写如惊鸿一瞥，蜻蜓点水，白描即可，而有些景物则需工笔细描，精雕细琢。

例诗

过故人庄

唐·孟浩然

故人具鸡黍，邀我至田家。
绿树村边合，青山郭外斜。
开轩面场圃，把酒话桑麻。
待到重阳日，还来就菊花。

作品赏析 ⚠ "田家"是一个非常抽象、笼统的概念，仿佛是一幅画的卷轴。随着它慢慢被打开，从远方拉向近处，画面色彩清新亮丽，环绕村边的绿树和青山一掠而过，镜头聚焦在窗边两个喝酒聊庄稼的男人身上，这是眼前之景。紧接着，画面又一个跳转，跳转到来年重阳日那天喝酒赏菊的情景，可谓虚实相生、动静结合。画面的切换类似电影中的蒙太奇，空间感强，而且每一幅画面的切换井然有序。所以，这首山水田园诗虽古典实则很现代呢！

推陈出新

造一个雪人

宽窄

红萝卜做鼻子，对鸟雀是一种折磨

纽扣做眼睛，只看到这个世界的漏洞

以枯枝为手臂，无力完成一个拥抱

你看，这么多的浪费

把我做成雪人吧

只需要一个最寒冷的冬天

再给我三天呼伦贝尔的大雪

我是一个会唱歌的雪人

我是一个会听话的雪人

我是一个会奔跑的雪人

那么多雪花慢慢落在我心上

发出"咚咚"的敲门声

等到阳光给我披上叠好的围巾

我会向所有温暖的源头道谢

天上移动的星群

水草里未打开的珍珠

梦里醒不来的一个梦

你听，火花在洞穴里发芽

在风暴与风暴的摩擦中学会走路

近了，近了

我抖落雪花上面的雪花

渐渐化为春天的一条支流

技术指导 ⚠️　很多孩子拘泥于对现实景物的描写，其实，未来之景和想象中的景物也是可以入诗的。孩子们都喜欢犯顾此失彼的毛病，其实大人们也常常如此。学会了如何在诗歌中写出画面感，就容易忘记用文字来画画的初衷。所有文字描绘的山山水水，都有它的意义，可谓一切景语皆情语。颜色、线条、空间顺序与留白并不是终极目的，所有形式和技巧最终都指向诗情与诗思。

思维拓展 ⚠️　美好形象的塑造与优雅空间的营造都是艺术，或者说是"以美为美"，然而，生活中哪有那么多完美，更多的是缺陷和遗憾，即便身处童年时代也是如此。所以，丑恶的、伤痛的、残缺的、阴暗的、不美的形象——丑，也可以加入儿童诗的队列。法国象征主义诗人波德莱尔的"以丑为美"确实为现代艺术打开了一条新的通道。

师生擂台·前浪队

山水喂知音

宽窄

我用整条沱江喂养小鱼

直到它们长大，游进更远的长江

我用萤火虫喂养天空

在停电的夜晚，我叫它们小月亮

我爱麻雀也爱稻草人

我用一根红辣椒让蚂蚁迷路

再把雨水引入蚯蚓洞

我用书页为蝴蝶送葬

再用整个夏天封锁一片蛙声

山水彼此喂养，直到彼此厌倦

师生擂台·后浪队

蓝天碎了

杨宁（10岁）

蓝天是白云的玻璃杯

一天

白云生气地打碎了它

蓝天的碎片

落到了地上

化成了

湖泊、河流和大海

而玻璃杯中的白云

也落到了地上

变成了

一只萨摩耶

风

雷沁婷（10岁）

风考了一百分

他得到了一双蓝跑鞋

跑啊，跑

在天空中留下蓝色的脚印

可是

他踩到了白云羊

羊们哭啊哭

风只好甩甩彩虹色的头发

逗羊开心

第十五堂课
为什么和是什么

民歌中有很多一唱一和的歌词,对问答诗的成形提供了最初的滋养,如四川民歌《弯弯》:什么弯弯在天边?什么弯弯在眼前?什么弯弯头上过?什么弯弯在水边? 月亮弯弯在天边,眉毛弯弯在眼前。梳子弯弯头上过,船儿弯弯在水边。歌剧《刘三姐》中的对歌也都是采用的问答式:什么有口不讲话?什么无口闹喳喳?什么有脚不走路?什么无脚走万家?箩筐有口不讲话,锣鼓无口闹喳喳。板凳有腿不走路,航船无腿走万家。 民歌都取材于自然万象和日常生活,非常通俗直白,接地气。而且,问答之中充满了悬念和趣味,让人有荡秋千般的快感。

古诗中的问答诗主要分为两种,一种是只问不答,比如:月儿弯弯照几州?几家欢乐几家愁?几家夫妇同罗帐?几个飘零在外头?还有白居易的《问刘十九》:绿蚁新醅酒,红泥小火炉。晚来天欲雪,能饮一杯无?还有一种是有问有答,比如唐代贾岛的《寻隐者不遇》:松下问童子,言师采药去。只在此山中,云深不知处。

现代儿童诗可以向民歌和古代问答诗学习,诗歌的内容完全可以从日常生活中的对话找到灵感和启发。有的诗歌甚至直接就是真实对话的一个记录——当然,记录之后依然需要细节上的修改。所以，诗人必须做生活的有心人和观察者。下面，我们以一个学生和他妈妈的对话为例：

儿：妈妈，在2032年以后，咱们人类就可以登上其他星球了，咱俩就惨了！

妈：咋回事？

儿：咱俩要被外星人带走，还要飞往不同的星球。

妈：没关系！大家都一样，咱们不怕啊！

儿：那要是碰到外星人怎么办？外星人要抓我们怎么办？咱俩赶快藏起来吧，要不咱俩都飞上天了，还不在同一个地方！

这段对话修改后就变成了一首好玩的儿童诗：

小儿忧天

胡宇翔（10岁）

妈妈，外星人会打架吗

会呀

发射打扰到外星人休息了

他们会把咱俩抓走

一个关在土星

一个关在木星

还有在朋友圈里看到的亲戚家的孩子与妈妈的对话：

儿：今晚的月亮好圆呀！

妈：阴历十三是我的生日呀！

儿：我也想过生日！

妈：你都没送我礼物！

儿：等小朋友再送我礼物时留给你一个。

妈：你现在的玩具可以送我一个。

儿：我都玩过了。

妈：不要紧。

儿：小蓝车？小女孩不喜欢车，只喜欢娃娃。

妈：我也喜欢车。

儿：你先玩吧，你不想玩就还给我。

将它们稍作修改就是问答诗了。

生日礼物

成俊熠（6岁）

妈妈，生日快乐

礼物呢

等小朋友送我时留一个给你

你的玩具送我一个呗

我都玩过了

没关系

小蓝车？小女孩不喜欢车，只喜欢娃娃

我也喜欢车

好吧，你不想玩了就还给我

所以，你看，童诗创作并没有想象中那么难哦！

例诗

斑马的问题（节选）

（美）希尔弗斯坦

我问斑马

你是有白条纹的黑马

还是有黑条纹的白马

斑马反过来问我

你是个有坏习惯的好孩子

还是个有好习惯的坏孩子

它就这样不停不停不停地问

而从此我再没

向斑马问过它的条纹

作品赏析 ⓘ 　人们说起斑马，就会想起黑白条纹，就像说起大熊猫就会想到黑眼圈，说起长颈鹿就会想起长脖子。这首诗的切入点很小，围绕斑马的黑白条纹进行问答，然后波及类似"先有鸡还是先有蛋"等让人喷饭的问题。嗯，有趣和有深度，有时候并不矛盾。

推陈出新

犟

宽窄

我是蜘蛛侠

你不是蜘蛛侠

我是蜘蛛侠

哼，你都不会飞
我是蜘蛛侠
哈哈，你是皮皮虾
我是蜘蛛侠

技术指导 ⚠️ 这首诗来自于哥哥和弟弟的对话，当时
两个小家伙正在滑滑板。弟弟入戏太深，认为自己就
是英雄——蜘蛛侠，可是哥哥不停泼冷水，提醒他、
嘲笑他，想把他拉回现实。但是，执拗的弟弟从头到
尾只有一句千年不变的台词"我是蜘蛛侠"——哈哈，
哥哥完败。

思维拓展 ⚠️ 自问自答是拓展思维的一种好方法，我
常常喜欢玩这种自言自语、自说自话、自娱自乐的游戏，
比如：长颈鹿的脖子为什么那么长？它想和天上的云
朵说说话；夜晚为什么那么黑？是因为白天老躲着它，
它生白天的气，一气之下就把白天拉黑了，等等。这
样的例子在生活中遍地都是，就看你会不会为它停顿、
思考哦！

师生擂台·前浪队

洗白了

宽窄

我看过外婆年轻时的照片

长辫子比黑夜还黑

不知她用的哪种牌子的洗发水

头发越洗越白

比白天还白

师生擂台·后浪队

两个学生的对话

马子健(11 岁)

什么东西人总跨不过去

墙

什么东西近视

近视眼

什么东西专吃垃圾

垃圾桶

什么东西方方软软卿最怕

成绩单

为什么

王子翀（12岁）

天，为什么又下雨了
因为共工和祝融把天戳破了
怎么办呢
找女娲求助
她会像缝毛衣一样把天缝好
那天天大太阳不是很热吗
叫后羿把它射下来
没有了太阳天不就黑了
那我们就一起把手电筒挂上天吧

知音啊

雷爱（10岁）

为什么你不留长发
因为我妈妈不想给我梳头
为什么你脸那么大
因为我爸脸大

为什么你喜欢蓝色
因为我不喜欢粉色
你喜欢打篮球吗
打

我们好像呀

枯叶蝶的问题

包宸睿（12岁）

我问那只蝶
你是有生命的枯叶
还是翅膀沾灰的蝴蝶
蝴蝶好像没听懂
我又大声问了一遍
她吓得趴在了地上
变成了一片枯叶

月亮三问

叶浩然（11岁）

为什么月亮是圆的

因为它是月饼的哥哥

为什么月亮是弯的

因为它被天狗吃了

为什么有时候没有月亮

因为月亮也怕黑了

我又不是十万个为什么

胡宇翔（10岁）

为什么太阳公公清早要升起来

因为它要去上班

为什么雨姐姐爱流泪

因为它想妈妈了

为什么刺猬要冬眠

你问刺猬去

为什么为什么

我又不是十万个为什么

反　问

邓汀云（10岁）

我问熊猫

你不睡觉吗

天天一对黑眼圈

它反过来问

啄木鸟笨吗，一个劲儿撞树

鸭子骨折了吗，走路一摇一摆

我不敢再提问了，免得

浪费时间

爱提问的国王

蔡怡暄（10岁）

如果古代也有网络

起床时

国王会问："我的 wifi 打开了没有？"

出门时

国王会问："我的专车叫了没有？"

拍照时

国王会问："我的美颜相机打开了没有？"

吃饭时

国王会问："我的外卖来了没有？"

第十六堂课
方言口语诗

古代许多大家都曾以方言俗语入诗，拓展了诗歌的审美空间。清代诗人袁枚也说："异域方言，采之入诗，足补舆地志之缺。"特别是柳枝词、竹枝词之类表现民俗风情的作品更要借助方言俗语的"杀伤力"。比如柳宗元的《渔翁》："渔翁夜傍西岩宿，晓汲清湘燃楚竹。烟销日出不见人，欸乃一声山水绿。"这首诗里的"欸乃"就是一个用俗语来描写的拟声词，模仿桨橹发出的声音，反衬山水之寂静。这一个方言俗语点亮了整首诗，既清新自然又俏皮可爱；既还原了历史的现场感，也充满了地域特色，让人有一种身临其境、栩栩如生之感。

　　但是，方言俗语入诗一定要慎重。首先，用字用词要精心挑选，切忌过分粗俗，流于油滑。其次，在诗歌创作中使用方言俗语，还要注重在幽默中批判和讽刺——不要低估了孩子，他们除了会耍宝、卖萌，也会透过现象一针见血地直击要害。再次，切忌通篇都是方言俗语。很多初学者或者读者很容易产生一种误解，认为方言诗就是每行都要出现方言。其实不然。我个人以为，普通话的铺垫、过渡、起承转接同样举足轻重，它对方言的使用起到了有效的补充、解释和互文的作用。因为方言口语毕竟带着强烈的地域特色，在接受层面具有一定的局限性。所以，布局上一定要小心、适度。最后，方言诗的创作要根据不同的题材做出针对性的调试，方可扬长避短，彰显方言口语的魅力。

另，因为本书的指导老师宽窄来自四川，故学生习作以川渝方言居多。

例诗

清平乐

宋·辛弃疾

茅檐低小，溪上青青草。醉里吴音相媚好，白发谁家翁媪？大儿锄豆溪东，中儿正织鸡笼。最喜小儿亡赖，溪头卧剥莲蓬。

作品赏析 这首作品概括了宋朝农村生活的乐趣，作者写这首词时，是在江西上饶，此地春秋时代属于吴国，所以行文中带有典型的吴地方言——"翁媪、大儿、中儿、小儿"这些都是当时的方言词。第一次读到辛弃疾的这首《清平乐》就倍感亲切，它给我印象最深刻的就是这几个词，素面朝天、清新自然，非常扣清平乐的词牌名。

方言口语诗发展到现代，方言的功能渐渐淡出，而口语的分量逐渐被强化。比如西娃女士的那首《哎呀》：

父亲已死去很多年
另一个世界，父亲
再找不到我的手指
他孤零零的举着创可贴
把它贴在
我喊出的那一声"哎呀"上

作为四川老乡，在现代口语诗的浪花中，我独偏爱这一朵，是真心喜欢。一个宰鱼切到手指的动作只是一个导火线，引爆的是一声哎呀，这声尖叫里包含了太多情感的微粒，然而它找不到对应物——创可贴，同样的，创可贴也找不到它的对应物——受伤的手指。生死两个世界，或者准确地说是两个生命的错位和不对称让人唏嘘不已。没有华丽的技巧和玄妙的辞藻，一个拟声语气词"哎呀"就足以让人泪流满面。

推陈出新

龙门阵

宽窄

你看过方言版《猫和老鼠》吗

猫不叫猫，叫"假老练"

它喜欢装成熟

老鼠不叫老鼠，叫"风车车"

它喜欢疯耍

看到猫欺负老鼠的时候

我想帮老鼠

看到老鼠欺负猫的时候

我又想帮猫

哎，恼火得很呀

技术指导 ⚠ 有时候，塑造人物形象可以取其动作、行为姿态和内心言语；最紧要的是主角的内心活动和思想变化。"龙门阵"这个词是四川老百姓的日常口语，就是闲聊，唠嗑的意思。此诗以四川人摆龙门阵（即讲故事）方式，写到了"我"摇摆不定、左右为难的同情心。哎，真是麻烦、恼火呀——事实上，

"恼火"即伤脑筋的意思，也是四川人常用的方言词哦！

思维拓展 ⚠ 写方言口语诗绝不是为了骂人。在需要批判、讽刺和针砭时弊的时候，它更具杀伤力。同时，它也给了孩子们一个认真凝视地域文化的角度。最紧要的是，它提醒孩子们去捕捉日常生活中那些鲜活的烟火味的瞬间。因为一切小事儿皆可入诗，而"以小见大"是需要真功夫的！

师生擂台·前浪队

剪脑壳 *
宽窄

一个山西人在重庆坐公交
听到乘客喊司机
"老师，下一站刹一脚"
他怀疑自己的耳朵听错了

---

*注：在川渝方言中，习惯把理发称为"剪脑壳"，将陌生人敬称为"老师"。

很多年后

他当了重庆女婿

一进理发店就大声吼

"老师，剪个脑壳哈！"

师生擂台·后浪队

导游和小屁孩儿

雷爱（10岁）

哪个小屁孩儿

把"床前明月光"说成了

"灶头月亮地儿"

又是哪个小屁孩儿

把凡·高的自画像

涂成了加勒比海的贼娃子

糟起了

这哈博物馆要喝西北风了

你们这群瓜瓜

连个小屁孩儿都守不住

哪个先动手？ *

蔡怡暄（10 岁）

老师：你们两个

哪个先动手的

女生：他先动手

他用倒拐子碰我的前爪爪

男生：不是嘞

是她先动手的

是她用克膝头儿碰倒了我的小板凳

老师：回去各写三百字检讨

题武大郎烧饼店

袁铭作（11 岁）

菜市场里

一个太婆

在一个白菜摊摊

看见一只苍蝇叮在白菜高头

---

*注：在川渝方言中，"倒拐子"指胳膊肘，"爪爪"指手，"克膝头儿"指膝盖。

又嗡啊嗡地飞

吓得她惊叫唤

唠嗑儿

韦丹然（10岁）

今儿俺和俺妈唠嗑儿

俺妈说："别人家的娃儿，奔儿喽头好大，聪明！"

俺说："嗯，额头大的棒棒娃都是别人家的！"

俺不想唠嗑咯

俺脚底板儿抹油咯

第十七堂课
打个自黑的广告

在《今古奇观》读到苏轼和苏小妹的一段奇闻异事，我才发现原来兄妹俩都是互黑高手啊！段子从两人的外貌长相开涮。苏小妹颧骨长得高，眼窝也很深，所以，苏轼便写诗取笑她："未出庭前三五步，额头已到画堂前。几回拭眼深难到，却留汪汪两道泉。"才思敏捷的苏小妹当然不甘示弱，立即回赠一首诗黑回去："口角几回无觅处，忽闻毛里有声音。去年一滴相思泪，至今方流到腮边。"立马将苏轼的大胡子和一张长长的马脸暴露无遗。没想到，他们互相揭短之后，居然吓跑了一桩姻缘——据说，原本王安石要为儿子向苏小妹提亲，最后因为听说了这首诗，便嫌弃苏小妹貌丑，故作罢。未见其人，先闻其诗，第一印象尤其重要呀！

除了苏家兄妹，白居易也是个自黑高手。他一年才洗一次头，常常会为自己稀疏的头发和越来越高的发际线焦虑："乃至头上发，经年方一沐。沐稀发苦落，一沐仍半秃。"魏晋帅哥阮籍在《咏怀诗》里也调侃自己又老又丑："朝为媚少年，夕暮成丑老。自非王子晋，谁能常美好。"

但是，凡自黑之人，都是内心强大之人！

例诗 🖊

未婚山中叙志

唐·王绩

物外知何事，山中无所有。

风鸣静夜琴，月照芳春酒。

直置百年内，谁论千载后。

张奉娉贤妻，老莱藉嘉偶。

孟光傥未嫁，梁鸿正须妇。

作品赏析 ⚠ 曾经写出过"树树皆秋色，山山唯落晖"的王绩是一个自黑的超级高手，不仅有才还有胆。古诗中的第一则征婚小广告就是他打出来的。他自我介绍开头的第一句话就是："我一无所有。"——说他是古代版的摇滚先锋也是当之无愧呀！跟别人介绍自己是高富帅不同，他非常诚实，"山中无所有"坦言自己是一个草根儿，既没有跑车也没有别墅更没有存款，这得吓跑多少围观的群众啊。所幸，别人没有的他都有，比如未被污染的风声和月光，美酒和琴音，以及他写诗的才华。最后，他用了两对模范夫妻举例子，祝愿自己也有这般好运气。后来，美梦成真，这则征婚小广告通过自黑的方式成功吸引了一位妹子的青睐，她陪伴王绩到白头。

推陈出新

玩 具

宽窄

她的城堡是一堆积木
她的马车是扫帚
她的饭菜是沙子和树叶
她的白马王子是塑料人
她的哭声和笑声都是玩具

但她的童心是真的

技术指导 ⚠ 这首诗的结尾用了反转。有时候，为了得到某个心爱之物，孩子们会假哭；有时候，也会以假当真，那些玩具房子、玩具车子、玩具假山、玩具王子在孩子的眼里是真的。所以，在孩子的世界里，真假很难绝对对立，很难界限分明，甚至哭声和笑声有时候都是玩具。这首诗的亮点就在于：一路黑到底，最后反转。

思维拓展 在人际交往和自我相处中，自黑是一种清醒的自我剖析和自我反省。在许多儿童诗和儿童文学作品中都存在唱赞美诗和相互粉饰的嫌疑。拿掉这层面具，在诗歌中去拷问灵魂，我以为，这是童诗创作的又一个方向。没有谁是完美的，也没有谁会一辈子不犯错，不撒谎，不胆怯，不自私……生命之所以美丽就在于它的挣扎和缺憾。自黑不光是对自我的解剖，甚至也包括对他人，对社会，对时代的挑刺，就像鲁迅先生一样。这是另一种高级黑。

师生擂台·前浪队

担 心

宽窄

你看见蜈蚣光着脚

你哭了

你担心它冷

给它穿了 100 双鞋子

结果害得它总摔跤

你看见仙人掌站在烈日下

你哭了

你担心它中暑

天天给它浇水

结果仙人掌生病了

每当你担心谁的时候

谁就会被吓得浑身发抖

无比担心

师生擂台·后浪队

我是一个农民

李若宁（10岁）

我没有城市的饮料

但我有山间的溪水

我没有电视机

但我有大森林的花香虫鸣

我也没有跑车

但我有奔驰的马儿

我是一个快乐的农民

"不"控

薄闻乐（9岁）

我不喜欢关住鹦鹉的自由

也不喜欢牵着小狗

我不喜欢

我

李先晟（10岁）

我是个小眼镜儿

海拔和智商一样高

我喜爱与水亲切

散步

也热爱和风在天空

聊天

你呢

小皇帝

沈卓文（11岁）

世界是人字拼图
孩子是大脑
大人是手脚

属　相

邹沁芮（11岁）

我像猪一样贪吃，却不胖
妈妈像蛇一样灵敏，却瘦不下来
爸爸呢，像龙一样霸道
只有妹妹是个例外
她总是"数"钱

丑八怪

雷爱（10岁）

世界上
如果有八个最丑的妖怪
那我就是第九个

无眉大侠是我

单眼皮也是我

下雨天总是担心

雨水会滴进我的鼻孔里

我很丑也很不温柔

如果我碰巧是一只狗

也是一只挑食的狗

不吃蔬菜只吃肉

哦，我不是牧羊犬

我的名字叫藏獒

完　美

王一婷（10岁）

我是完美主义者

弹琴必须完美

身高必须完美

学业必须完美

大人却说

世上没有完美的人

因为完美本身

也不完美

第十八堂课
把游戏"做"成诗

在前面，我们曾讲过怎么写玩具诗，今天，我们的童诗创作进入了新的一个瞬间，那就是儿童游戏诗。孩子们对古代孩子玩什么样的玩具，玩什么样的游戏都非常感兴趣，所以，我简单罗列了一个古代玩具和古代游戏的清单：抓阄、蹴鞠、斗草、采莲、扑流萤、行酒令、荡秋千、骑牛吹笛、乞巧（穿针引线）、放风筝、捉鱼、钓鱼、捕蝉、种瓜果、玩兔儿爷，等等。

这些玩具和游戏有些早已失传，有些被改编、流传下来，而且大量游戏以诗歌的方式得以保存。这些诗歌有的是孩子写的，但大量都是大人写的儿童诗。比如唐代诗人白居易的《池上》写偷采白莲的小屁孩儿："小娃撑小艇，偷采白莲回。不解藏踪迹，浮萍一道开。"小孩子都没啥心眼儿，干了坏事自以为天衣无缝，可是水面被小船划开的一道浮萍却暴露、出卖了他偷采白莲的"罪行"。崔道融的《牧竖》也告诉我们，古代的小孩子气场都比较强大，喜欢自娱自乐："牧竖持蓑笠，逢人气傲然。卧牛吹短笛，耕却傍溪田。"关于钓鱼，也有很多诗人提笔写及，比如胡令能的《小儿垂钓》把钓鱼小孩不敢说话出声，怕惊走小鱼，所以只好不作答的动作、神态和心理都刻画得惟妙惟肖："蓬头稚子学垂纶，侧坐莓苔草映身。路人借问遥招手，怕得鱼惊不应人。"

放学以后，除了写作业，古代小朋友们的业余生活也是很丰富的，幸福指数不亚于现代小孩。比如宋代诗人杨万里的《宿新市徐公店》："篱落疏疏一径深，树头花落未成阴。儿童急走追黄蝶，飞入菜花无处寻。"除了追蝴蝶，孩子们还喜欢放风筝，清代高鼎的《村居》云："草长莺飞二月天，拂堤杨柳醉春烟。儿童散学归来早，忙趁东风放纸鸢。"还有一首清代孔尚任描写儿童放风筝的："结伴儿童裤褶红，手提线索骂天公。人人夸你春来早，欠我风筝五丈风。"一个"骂"字传神地写出了儿童的天真，原来古代的小朋友们也喜欢集体游戏，还用手指着老天爷骂天上的风太小、太少呢！

跟现代小孩在家里帮大人做些力所能及的家务活一样，古代的孩子也要帮忙干活，但他们是一边干一边玩，在劳作中享受自然万物的奇趣。宋代诗人范成大的《夏日田园杂兴》就写到了小孩学大人种瓜的乐趣："昼出耘田夜绩麻，村庄儿女各当家。童孙未解供耕织，也傍桑阴学种瓜。"

古时候，整个大自然就是孩子们玩耍嬉戏的游乐场，小船莲蓬、耕牛短笛、钓竿鱼饵、蝉蝶瓜果和风筝都是小孩子游戏中的道具，纯天然的。自古以来，中国都是一个以农业立国的国家，难怪这些游戏诗很多都跟农事脱不了干系。

  阅读完这些古代玩具和古代游戏诗的说明书之后，我们就要一起来玩游戏啦！今天要玩钻绳子的游戏、抓阄的游戏、斗草和乞巧的游戏。但是，游戏可不是白玩的哦，必须补票！这票是用钱买不到的哦！因为它是孩子们写的关于儿童游戏的诗啦！

例诗 1

所 见

清·袁枚

牧童骑黄牛，歌声振林樾。

意欲捕鸣蝉，忽然闭口立。

例诗 2

纸 船

（印度）泰戈尔

我每天把纸船一个个放在急流的溪中。

我用大黑字写我的名字和我住的村名在纸船上。

我希望住在异地的人会得到这纸船，知道我是谁。

我把园中长的秀丽花载在我的小船上，

希望这些黎明开的花能在夜里被平平安安地带到岸上。

我投我的纸船到水里，仰望天空，

看见小朵的云正在张着满鼓着风的白帆。

我不知道天上有我的什么游伴把这些船放下来同我的船比赛！

夜来了，我的脸埋在手臂里，

梦见我的船在子夜的星光下缓缓地浮泛前去。

睡仙坐在船里，带着满载着梦的篮子。

作品赏析 ⚠ 　袁枚的《所见》用动静对比的手法写出了一个机灵的牧童欲捕蝉的小片段。如果用西方现代艺术"临界点"来赏析这首清代的儿童游戏诗，也未尝不可。"临界点"就是高潮来临的前一秒，作品戛然而止，给人意犹未尽之感。

　　儿童天生就贪玩，连印度的小朋友也不例外。泰戈尔的这首经典《纸船》就是一首儿童游戏诗。在水里放纸船，这些游戏小时候我们都玩过吧。在鉴赏这首诗的时候，我们可以试着把这首诗顺着朗读三遍，又倒着顺序朗读三遍，不难发现，原来这首诗的顺序如此灵活，"正叙"和"倒叙"都不影响诗歌的优美和诗意的表达。

推陈出新

放风的树

宽窄

风是一条领带

东一下，西一下

扯着我的脖子

冬天的布料太厚了

我的尖叫只够做一把玩具小刀

剪不出任何形状的叶子

风啊，记得下次出石头

我保证出帕子

把你裹成一根棒棒糖

技术指导 ① 一首游戏诗不能只是描绘游戏的过程或者结果，而应该从游戏中去思考，这个游戏带给了自己怎样的触动和启发？面对一个游戏进行书写，可以站在道具、物的立场，也可以站在游戏者、人的立场。选择一个切入点、一个独特的视角去剖析游戏，这才是正道。

思维拓展 ❗ 现代游戏诗的环境和道具都已发生改变，古代小孩跟大自然亲，都喜欢在户外玩游戏；而现代小孩却疏远自然，为了规避危险，保证安全，很多游戏都在室内完成，电玩城、ipad 成为游戏主流。加之独生子女的特性，很多的游戏是自娱自乐型，因此，我们现代人要与时俱进，学会在"孤独"的游戏中找到诗意。

师生擂台·前浪队 ✏

发型设计师

宽窄

我给猫咪换了个新发型

摘一朵棉花

蘸一碗香水

它就拥有了小池塘发型

168

我给仙人掌换了个发型

拿走火和颜料

火焰发型特别温暖

我还给老鼠设计了一根蜡烛发型

它偷油的时候就不会摔跤啦

师生擂台·后浪队

绳子好苦

袁光喆（9岁）

我是一条绳子

我的命好苦呀

被绑在巨人的身上

扯啊扯

终于自由了

身体也散架了

出 口

李若宁（10岁）

如何逃脱这根绳子

钻来钻去

迟迟解不开

我很生气

比出食指和中指

一刀把它剪了

高 手

刘香灵（11岁）

虽然是游戏

我还是有种被绑架的感觉

挑战失败

张老师笑了

哼，别得意

高手还在后头呢

一分钟

袁铭作（11 岁）

一个结啊

两根绳子

比奥数还难解

可是周老师花了一分钟

就解开了

解铃还须系铃人啊

脑筋急转弯

岳湘仪（9岁）

铅笔用处多多

别以为只可以写字

没带尺子怎么办

不急不急

把一个答案变成另

一个答案

哇，铅笔变成了尺子

家里没吸管怎么办

把笔芯抽掉

呀，铅笔变成了吸管

找不到头绳怎么办

不急不急

把铅笔插到头上

啊，铅笔变成了发簪

脑子不会拐弯的人

永远不知道

斗　草

雷爱（10岁）

扯下一片绿萝叶

我一半

她一半

我的手指住在叶尖

她的手指住在叶尾

嘶——

叶子被分家了

平局

我们像两只摇着尾巴的小狗

高兴地叫唤

汪汪汪

七分熟

雷爱（11岁）

田野被阳光烤了个七分熟
一只风筝飞起
牵着一个也被烤熟的女孩
它飞得越来越高
却不小心停留在空中

很多年后
又出现了一个女孩
她两手空着
而那只风筝的影子
已经凉了

网　鱼

罗永琦（10岁）

网鱼这事儿真奇怪
每当我两手空空
总看见水里好多鱼
可是当我带了网子饵食

水里却不见一条鱼
莫非有人给它们
通风报信

第十九堂课

厨房诗，
给菜谱分了个行

厨房就是一个小江湖，自古民以食为天嘛！古今诗人中都不缺少吃货。所以，今天我们要来搜捕诗歌中"美食"这个瞬间，按照古今食谱，在诗歌里来做一道属于自己的菜。

下面上的这道菜是河豚。这是梅尧臣写他反对冒着死亡的威胁吃河豚的一首诗："春洲生荻芽，春岸飞杨花。河豚当是时，贵不数鱼虾。其状已可怪，其毒亦莫加。忿腹若封豕，怒目犹吴蛙。庖煎苟失所，入喉为镆铘。若此丧躯体，何须资齿牙。"（节选）诗人开篇就盛赞河豚，但笔锋一转，马上从外形和毒性开始批判。

接下来这道美食叫"馓子"，这首对徐州蝴蝶馓子的赞美诗，来自大胖子美食家苏东坡："纤手搓来玉数寻，碧油煎出嫩黄深。夜来春睡浓于酒，压编佳人缠臂金。"其从馓子的制作方法和烹饪过程的色香味俱全，再到食物的功用，资深老饕苏东坡都如数家珍，娓娓道来。尤其是拟人手法的运用，写得活泼俏皮，也写出了对这道美食发自内心的喜爱。

一日三餐，看似简单平凡，然而若能从吃这件小事中发掘出深意来，也是一件大事情。

例诗 ✎

猪肉颂

宋·苏东坡

净洗铛，少著水，柴头罨烟焰不起。待他自熟莫催他，火候足时他自美。黄州好猪肉，价贱如泥土。贵者不肯吃，贫者不解煮，早晨起来打两碗，饱得自家君莫管。

作品赏析 ⚠ 古代诗人中，除了李白，我最喜欢的就是东坡先生了。写这首《猪肉颂》的时候，正是先生经历了一场生死劫后被贬到偏远之地黄州的艰苦岁月。川人固有的乐观、豁达在他身上得到了原汁原味的体现。这个男厨子就地取材，用黄州猪肉做了一道叫"东坡肘子"的菜。吃过的食客都知道，其肥而不腻，软糯爽口，特别好吃！这首诗是一首典型的厨房诗，写到了具体做法和作者的内心独白：把锅洗干净，加入少量的清水，慢火、微火一点点煨炖。当地猪肉食材廉价，富人不屑于吃，穷人又不会烹饪，亏得我苏大胖子会煮，每天早上都能美餐一顿，饱嗝连连。这样自由自在，食尽人间烟火的日子快乐过神仙。

推陈出新

二　两

宽窄

在沈小福的夜色中
吃光一头牛

满目都是酸菜
让人想起草木缩水的秋天

剁碎的辣椒是我三岁时看见的太阳
面汤也在流口水

牛肉下落不明
莫非中了米线的圈套

一小口一小口地耐心
向醋学习

我用筷子夹起整个牧场
钱币归还于马厩的局部

技术指导 ⚠️ 稍微分个类，关于厨房诗创作的技术层面就很好解决。美食制作过程、食物外观口感、食材来源和特点、食物的功效或弊端、就餐环境、厨具，等等，均可借物抒情达意。厨房诗不外乎就是这几个调调。

思维拓展 ⚠️ 食物只是一种表象，装食物的器皿也只是符号。酒楼里的山珍海味再美也有吃腻的一天，家里的饭之所以永远吃不腻，就在于厨师与食客之间的情思纽带。不光是厨房诗，书房诗、客厅诗、卧室诗也都是可以尝试的选材啊。

师生擂台·前浪队

零　食

宽窄

我吃过许多肉

猪肉牛肉鱼肉鸡肉鸭肉

却没吃过唐僧肉

它是酸的甜的辣的苦的咸的

清蒸、凉拌还是红烧

都不好吃

因为我不是妖怪

师生擂台·后浪队

选择综合征

叶浩然（11 岁）

去吃火锅嘛

辣死人了

去吃烧烤嘛

等死人了

去吃麻辣烫嘛

烫死人了

到底吃啥

要不去喝西北风

味　道

韦丹然（11岁）

烧烤是香辣咸香

云吞是清淡

苹果是酸酸甜甜

那独生子呢

是孤独的味道

不　醉

王一婷（10岁）

你喝过酒吗

我十岁的时候

偷偷尝了一口爸爸的啤酒

我没醉

他醉了

距　离

袁铭作（11岁）

家人之间
只有一个酒瓶子的距离
一壶烈酒
只要你喝下去
就没有距离

二锅头

周子扬（10岁）

做鱼的时候用二锅头
莫非鱼也是个酒鬼
忘掉被吃的痛苦
也许更痛苦

盐放多了

袁光喆（10岁）

人类问大海
为什么我们放鱼放水

就会成为好喝的鱼汤

而你有这么多水和鱼

尝起来还这么咸

大海说

哎，还不是盐放多了

花露水

蔡怡暄（10岁）

蚊子又来了

看我的

嗖嗖嗖

把酒当花露水一喷

蚊子全都醉了

糖醋莲白

雷爱（10岁）

没下雪

是撒在我身上的糖

小伙伴叫我小白或者阿莲

其实，我就是草根

喜欢把醋抹到脸上
当你开心的时候吃到我
我是甜的
当你不开心的时候吃到我
我就会变酸

第二十堂课
竹林七贤的朋友圈

　　竹林七贤的江湖很深呐，他们是生活在魏晋时代的七个"疯子"。七这个数字在神话和童话中经常露脸，民间故事《牛郎织女》中天上有会织布的七仙女，《海的女儿》中有七个长发的美人鱼公主，《白雪公主》中有古灵精怪的七个小矮人……竹林七贤常常在"疯人院"——一片竹林中，脱光了衣服喝酒，写诗，弹琴，跳舞，他们的放浪形骸，惊得路人眼珠子都快落到地上了。

　　他们朋友圈里的群主是阮籍，孩子们给他取了个"网名"叫"青白眼"，因为他妈妈去世之后，服丧的阮籍给前来吊唁的宾客以白眼，唯独只与提着酒壶笑呵呵的嵇康正眼相对，并一起把酒言欢。死了妈妈应该伤心欲绝、痛哭流涕才对呀，为什么阮籍还要乐呵呵饮酒呢？这与他信奉的老庄思想有关。

　　阮籍不是一个轻易把喜怒哀乐写在脸上的人，也不会轻易表扬或批评某个人。有一次，当时势力强大的司马懿集团试图与他结为亲家，阮籍不愿意但又不敢当面拒绝，于是，每次媒婆来了，他都喝得烂醉如泥、不省人事。这件亲事最后就不了了之了。

　　接下来，就要说说当时的美男子嵇康了。《晋书》记载嵇康是一个又高又有才的人："身长七尺八十，美词气，有风仪，而土木形骸，不自藻饰，人以为龙章凤姿，天质自然。"据说他娶了曹操的曾孙女为妻。

嵇康也是一个奇葩。有一天，他在好友圈发了一条动态消息，这就是有名的《与山巨源绝交书》。他们绝交的原因就是山巨源（山涛）举荐嵇康当官，而嵇康最讨厌的就是当官！但有趣的是，嵇康被杀时托孤的人正是山涛！能把儿子托付给山涛来抚养教育，可见嵇康对山巨源发自内心的信任！

嵇康的第二个段子是他与钟会的过节、交恶。钟会是个小人，在朝中为官却不做好事。嵇康瞧不起他，可是他却非常仰慕嵇康这个又会写诗又会打铁还会弹琴的大帅哥。于是，某一日，钟会驾着豪华马车来到嵇康在树下打铁的地方，可是，嵇康只把他当作空气，完全无视他。这次会面让钟会怀恨在心，后来，他终于找到一个机会陷害抓捕了嵇康。嵇康身陷牢狱，当了阶下囚。在他行刑的那一天，五千太学士在刑场为他送行，这就是嵇康的人格魅力呀！他在临终的前一刻，手挥五弦琴，目送归鸿，最后一次弹奏了一曲《广陵散》！"啪"的一声，一根琴弦断裂！《广陵散》至此成为人间绝唱，嵇康的生命也走到了尽头！

第三位登场的人物是刘伶。他是个名副其实的大酒鬼，他也不爱当官，除非有酒喝。他出门只带两样东西，一个是酒罐，一个是锄头。无论走到哪里，他都要喝酒，有一次，他对车夫说："我喝酒喝死在哪里，你就拿锄头挖个坑把我埋在那里！"

同样爱酒如命的还有阮咸。他和阮籍沾亲带故，但是家世背景却截然不同。阮姓大家族分成了两派，富豪人家都住在"北阮"，贫穷人家都住在"南阮"。出太阳时，富贵人家都拿出锦衣绸缎出来晾晒，贫穷人家因为自卑不敢晒衣服被褥。结果，内心强大的阮咸硬是把自己满是破洞的粗麻衣裤拿出来晾晒，丝毫无惧贫富悬殊的沟壑。

听完了竹林七贤的这些奇闻怪事，孩子们就可以自选人物和角度写一首诗发微信朋友圈啦！倘若竹林七贤能读到现代人写给他们的诗，会不会哭笑不得呢？

例诗

四言诗十一首（其一）

三国·嵇康

淡淡流水。

沦胥而逝。

泛泛柏舟。

载浮载滞。

微啸清风。

鼓枻容裔。

放棹投竿。

优游卒岁。

作品欣赏 ⓘ 这首四言诗写得清淡，有点清水煮白菜的味道。读者的视角仿佛跟随着一个无形的镜头，一点点由远及近，从流水到小舟再到小舟上悠然垂钓的人——风吹动他的衣襟，像一个饱满的花苞也像风帆。在流动与静止之间，在胸怀与宇宙之间，时间的秒针从未停止。心志在野，放浪形骸，随性而为，所谓俗事、官宦和功名皆是浮云。

推陈出新 ✎

竹林八贤

宽窄

好想回到那片竹林

披头散发

喝酒

在有月光的晚上

听嵇康弹奏一曲《广陵散》

不用古琴

用摇滚

阮籍酒醒之前

我先给他翻一个白眼

再挖个坑

把刘伶的锄头埋了

我不会屏蔽山涛

我的破洞牛仔裤借给阮咸

跳拉丁舞

然后，一群猪没来

一群蚊子来了

把露水当酒喝

在这七个古人的朋友圈里

我是唯一的现代人

技术指导 ⚠ 很多古代发生的故事，包括神话、民间
传说、童话和历史故事都可以入诗；也可以对神话人物、
传说人物、历史人物、传记人物或者文学作品中的人

物进行描写和评价。既可以诗的语言和形式讲述故事，也可抓住人物或事件的某一个角度和点进行哲思的挖掘和感情的抒发。这个角度和点切忌复述前人的成果，人云亦云，要站在现代人的现代性体验中去重新解读经典，为经典注入新意。

思维拓展 ⚠　对经典的解读，不仅仅局限于古代，也不仅仅局限于中国，我们的视野可以更阔达，可以延伸到世界各地以及任何时间段。

师生擂台·前浪队

蝴蝶效应

宽窄

西岭雪山上的一滴水

滴到熊猫小姐的鼻尖上

她打了个大大的喷嚏

吓坏了树上的松鼠先生

它像雪球一样滚下山

骨碌碌，骨碌碌

滚成了一个超级大弹珠

它滚过成都平原

最后滚进东海

那只叫精卫的鸟儿

终于不用填海

师生擂台·后浪队

问嵇康

王子翀（12岁）

嵇康

你真有一米八吗

你真的很帅吗

哎，你为什么不活到现在

去找乔丹打篮球

我就晾

李若宁（10岁）

凭什么富人能晾衣服

穷人不能晾

我就晾

我就晾

他们晾丝绸锦缎

阮咸，你去把破洞麻裤拿来晾

第二十一堂课
藏在诗里的名字

藏头诗，也叫藏头格，这种诗体具有很强的隐蔽性。因为有种种难以启齿的顾虑，所以这种诗体常常会被用在特殊场合或者作为男女表情达意的一种媒介。藏头诗的秘密就在于藏与不藏之间，既要隐晦又要叫人猜得透。印象最深刻的是江南风流才子唐伯虎的《唐寅诗集》中收录的一首据说是他追求秋香的七言藏头诗：

我画蓝江水悠悠，爱晚亭上枫叶愁。

秋月溶溶照佛寺，香烟袅袅绕经楼。

这首诗的每一行的第一个字串联起来就是：我爱秋香。就像玩捉迷藏游戏一样，孩子们非常喜欢藏头诗，也愿意把家人、老师、朋友、同学和自己的名字写进诗里去，这让他们非常有成就感。但是，藏头诗看似简单随意，实际操作起来却是有规律可循、有法可依的。

例诗

芦花丛里一扁舟

宋·《水浒传》

芦花丛里一扁舟，俊杰俄从此地游。

义士若能知此理，反躬难逃可无忧。

作品赏析 ⓘ 　这首七言藏头诗出现在《水浒传》里。卢俊义是朝廷的官员，智多星吴用为了逼他上梁山，就写了这首藏头诗，它的秘密就在于"卢俊义反"这四个字。毫无悬念，卢俊义为这首反诗背了一口大黑锅。于是，官府开始通缉追杀卢俊义，被逼无奈，他便加入了梁山一百〇八好汉之列。历史上，各种反诗和文字狱层出不穷，这首诗只是管中一窥。

推陈出新

藏头诗

宽窄

春生红墙外，天幕月色中。

可怜天下士，爱入蜀门同。

技术指导 ⓘ 　创作藏头诗主要有两个方面需要注意：一是形式技法。第一步摆字定位，按字组词，按词造句；第二步平仄对仗（分清阴阳上去），规律是一三五不论，二四六分明；第三步是押韵。第二个需注意的是诗的内容。诗人常常在前面进行写景状物的铺垫，在收尾处抒情或者议论。

思维拓展 ⓘ 　古代藏头诗都是戴着镣铐的舞蹈，形式上不够自由。所以现代诗在平仄、押韵方面不必拘泥，在选材和内容上也可以大胆突破，不必局限于写名字。如果拓展一下，串联出来的句子也可以是一句名言，一句经典的古诗或者自己最想说的一句话或最想表达的一种观点。

师生擂台·前浪队 ✎

　　　　小人书

　　　　　　宽窄

　　　儿时的下课铃吹响了航海的风帆
　　　童话书的每一页

是课间十分钟的历险
花光了存钱罐里的所有硬币
朵朵浪花，终于靠岸

师生擂台·后浪队

讨　喜

雷爱（9岁）

张氏搽布衣，俊男沁心喜。
芬芳茉莉落，美女赏花集。

藏头诗

蔡怡暄（9岁）

蔡氏巧手传，怡人肤如凝。
暄光照人颜，柔水流入心。

最　美

潘子暄（11岁）

梁上啄小米，樱桃春枝绿。
最怜清晨早，美丽展翅去。

张雅涵老

张雅涵（11岁）

张纸墨染衣，雅吟自神思。

涵义本不明，老人来答疑。

第二十二堂课
调皮的数字诗

汉语的数字和阿拉伯数字都是奇迹，各美其美。由于传统文化背景的差异，每个数字代表的意义也不尽相同。在中国古代的数字文化中，九九归一、六六大顺、四季发财、五福临门、七平八稳、十全十美……从一到十再到百千万亿，尤其在易经之学中都有特定含义。这些数字被大量写进诗词曲赋中，仅《全唐诗》就收录数字诗一百三十多首。数字诗的类型和妙用暂且不表，关于数字，我们需要先打开孩子们的思维。

我和孩子们玩了一个游戏叫"比数字"。就是用自己的身体和肢体语言来比画从 1 到 10 的十个数字外形。孩子们写出了一个个充满想象力的词汇。我简单做了一个记录和收集：

1：一根油条，筷子，分针，地平线，一个小人

2：衣架，音符

3：花生壳，拱门，山峰，海鸥，山洞

4：三角旗，三角帆船

5：一个孕妇的肚子

6：一根猪尾巴，卷发，溜溜球，滚铁环

7：锄头，斧头，鼻子

8：麻花，花生，沙漏，两个相连的小岛，眼镜，

面具

9：被绳子牵着的气球

10：一个人在照镜子

紧接着，我带孩子们一起来了解数字诗的分类。第一类是一字诗，比如清代陈阮的一字诗，反复运用一这个数字来渲染环境的寂寥、广阔和冷清："一帆一浆一渔舟，一个渔翁一钓钩。一俯一仰一场笑，一江明月一江秋。" 为了让学生们能更好地摸清这类诗的脉络，我特意抠出了一些空格让他们来做练习。例如：

原诗 📖

一东一西垄头水，一聚一散天边路，

一去一来道上客，一颠一倒池中树。

练习 📖

一东一西＿＿＿，一聚一散＿＿＿，

一去一来＿＿＿，一颠一倒＿＿＿。

孩子们的填空五花八门，但都能切合这首诗中要表达的这些空间方位和动作。

第二种叫"十字令"，比如宋代邵雍的《山村咏怀》：

"一去二三里，烟村四五家，楼台六七座，八九十枝花。"这首诗一共二十个字，数字就占了十个，从一到十，十个数字。在古诗惜字如金的狭小空间里数字占据半壁江山，足见数字在此诗中的表现力。

第三种是杂数诗。

为了让孩子们的练笔更有效，我在给他们出的练习题里省去了标题中的某个字和诗歌的最后一句。

原诗

咏　雪

一片两片三四片，五片六片七八片。

千片万片无数片，飞入芦花皆不见。

练习

咏 _____

一片两片三四片，五片六片七八片。

千片万片无数片，_____

第四种是数字讽刺诗，它对生活上、社会中或者是人性的弱点、缺点进行无情而有力地批判！比如下面这首明代解缙的讽刺麻雀的诗，实际上是借麻雀的数量讽刺那些贪赃枉法的社会蛀虫！

一个一个又一个，墙上还有许多个。
太平食尽皇家粟，凤凰何少尔何多！

第五种是数字回环诗，我们留待以后再细细来讲。

例诗

十字令

佚名

一心赢钱，两眼通红，三餐无味，四肢乏力，五业荒废，六亲不认，七窍生烟，八方借债，九陷泥潭，十成灾难。

作品赏析 ! 这首诗的数字是用来塑造人物形象的，同时，也达到了夸张的艺术效果，通过十个数字，一个红眼赌徒的形象已跃然纸上。李白的《秋浦歌》脍炙人口：

"白发三千丈，缘愁是个长。"这是一个用数字来夸张的典范。另外，杜甫的《绝句》则是运用数字来实现诗形的对仗和工整："两个黄鹂鸣翠柳，一行白鹭上青天。窗含西岭千秋雪，门泊东吴万里船。"除此以外，数字还有比喻的妙用，比如李白那首家喻户晓的《赠汪伦》："桃花潭水深千尺，不及汪伦送我情。"而王之涣那首《登鹳雀楼》更是运用了数字来表达哲理之美："欲穷千里目，更上一层楼。"

学习这些数字诗，不是要写出跟古代一模一样的作品，而是希望运用这些古代的技巧写出现代数字诗。

推陈出新

真假美猴王

宽窄

两朵筋斗云撞车了
一朵大闹天宫
一朵翻不出如来佛的手心

两根木棍都是金箍棒
一根打妖怪

另一根耍猴戏

悄悄溜回花果山

一颗会分身术的心

在取经路上七十二变

师父睁一只眼闭一只眼

被打死的叫齐天大圣

活下来的才叫悟空

技术指导 ⚠ 这首诗的前两节非常对称，都是由数字的分裂来表现真假两个孙悟空形象的分裂，而孙悟空形象的塑造当然是通过筋斗云、金箍棒、分身术和七十二变这些悟空专属的意象来完成。同时，作者也通过这首诗来表达了自己的遗憾——野性的齐天大圣已死，被驯服的孙行者才能活下来，颇有哲理。

思维拓展 ⚠ 现代数字诗可以运用数字来塑造人物形象，包括通过数字来刻画人物心理和人物外貌、动作和语言；也可以运用数字来写景状物，渲染环境，或者是叙事、抒情和议论。

师生擂台·前浪队

吹牛餐厅

宽窄

我开了一家五星饭店

如果你喜欢吃素，欢迎光临

星期一是蒲公英浓汤

喝了就可以飞行

星期二是狗尾巴草三明治

吃了能翻译小狗说的话

星期三是含羞草面条

只要你一撒谎脸就会变绿

星期四是柳叶喷嚏咖啡

喝了会长成一棵柳树

星期五是仙人球加多肉火锅

吃了它你就会隐身

周末菜谱更新中，暂停营业

师生擂台·后浪队 ✎

一毫米

彭祉铭（10岁）

如果我只有一毫米

微微的风

就可以把我吹走

一杯水，够我喝五十年

一张 A4 纸，够我用三十年

一声尖叫就把我震飞了

我的上衣是一根羽毛

每次睡觉

上下床就要花一个月

一周的循环

黎子杉（8岁）

星期一是虫子

星期二是小鸟，把虫子吃了

星期三是小孩，把小鸟抓来玩

星期四是妈妈，把小孩打了一顿

星期五是龙卷风，把妈妈卷到了天上

星期六是房子，龙卷风怎么也吹不动它

星期天是大管家

它把星期一、星期二、星期三、星期四、星期五、星期六

统统都管着

第二十三堂课

把谜语
写在一个灯笼上

　　木心说从前慢，其实从前也更诗意啊。把一首首谜语诗题写在灯笼上，在元宵节的夜晚来猜。那股生猛的热闹劲儿，应该一点不比今天的《最强大脑》逊色吧。这里面有字谜诗、动物谜语诗、植物谜语诗，等等。

　　宋代的金石学家赵明诚是词人李清照的夫君，他对李清照一见钟情，却又不好意思跟父亲开口，于是便写了一首字谜诗："言与司合,安上已脱,芝麻除草麻,芙蓉开新花。"其父才思敏捷，立马就猜到了谜底——词女之夫，成全了这一段佳话。同时代的王安石也是一个字谜诗的发烧友。有一次，他请一个木匠师傅修庭院，完工之后他把不满意的地方写成了一首字谜诗交给老师傅。师傅好晕哦，完全不明白王安石想要表达什么意思，幸亏他女儿看懂了："倚阑杆东君去也,霎时间红日西沉。灯闪闪人儿不见,闷悠悠少个知心。"——少了一道门。于是，在老师傅给庭院中间开了一道门之后，王安石紧皱的眉头一下子舒展了。

　　除了拆字、合字的谜语诗，还有很好玩的隐语诗、对诗题，诗意点而不破。比如唐代李峤的《风》："解落三秋叶，能开二月花。过江千尺浪，入竹万竿斜。"罗隐的《蜂》："不论平地与山尖，无限风光尽被占。采得百花成蜜后，为谁辛苦为谁甜。"明代黎淳的《爆竹》："自怜结束小身材，一点芳心不肯灰。时节到来寒焰发，万人头上一声雷。"此外，瓜果蔬菜也是诗人们纷纷书写的谜面，如高启的《韭》："芽抽冒余湿，掩冉烟中缕。几夜故人来，寻畦剪春雨。"清代大才子袁枚的《苔》："白日不到处，青春恰自来。苔花如米小，也学牡丹开。"

谜语来源于中国古代民间，是劳动人民在日常生活和劳作中祖祖辈辈的经验创造与智慧凝结。古代谜语诗发展到现代，状物的颜色、形状、来历、功能仍在，但诗意渐渐被削弱，越发接近打油诗的油滑，文学性不可与古代谜语诗同日而语。笔者一边伤感地悼唁，一边又欣喜找到了现代童诗生长的新空间。祖先留给我们的谜语诗，要好好珍惜好好改造，否则，问心有愧呀！

例诗

画

唐·王维

远看山有色，近听水无声。
春去花还在，人来鸟不惊。

作品赏析 ⓘ 　在这里，先给大家看一首水果谜语诗：
"红红的小脸蛋，长满黑豆豆，头戴小绿草帽，颗颗
像糖果，酸酸甜甜，滑溜溜，咬一口，难忘滋味在心
头。"这首诗主要是用来做反面教材的，与王维那首
诗做个小对比。这种类型的水果谜语诗或是动物谜语
诗如果作为婴幼儿的诗歌或者儿歌启蒙是不错的，但
作为一首谜语诗的话，却流于套路：用拟人、比喻、
夸张的修辞手法进行状物和功能的描述，包括对颜
色、形状、味道、声音的细节描写。

　　与现代谜语诗比较，古代谜语诗更侧重对环境、
来历、意义和个人独特感受的呈现。当然，在做铺
垫、埋伏笔、制造悬念等方面，二者是有共鸣的。王
维笔下的山水花鸟人都是假的，它们只活在画里。这
首诗最值得称赞的是它淡如白开水的文字——它们

虽然平淡，拼贴在一起却充满诗意，宛如一幅山水素描，且每个句子都充满禅意。前两句是空间和距离的对比，身在此山中反而看不清楚山色；距离太近，噪音太吵以致震耳欲聋。第三句是时间的感受，季节溜走了然而美好的花香尚留存于记忆之中。最后一句乃点睛之笔，人鸟、天地和自然万物和谐共存。

推陈出新

日字旁（三首）

宽窄

春

太阳是个游泳冠军哦
从水里游到了天上
当它累了
就乘坐山峰滑滑梯回家
一屁股滚到草丛里
去孵蛋

日复一日

早

月亮还在为星星站岗
太阳就起床了
顺着笔直的树干往上爬
一个倒挂在天空的感叹号
爬呀爬呀
树丫被它拉成了
好吃的甜甜圈

一切不晚
有的是时间去变

旧

喜欢在墙上乱涂乱画
一边画一边擦
墙上的奖状也害羞了
躲到检讨书背后

日子是画在作业本上的

一张张脸

隔几天，就从心里搬出来

晒一晒

所谓新鲜

是穿着十年前的衣服

像第一次穿

技术指导 ⚠ 古代字谜诗谜底一般不会出现在诗行中，这是我们现代儿童诗可以突破的。在拆字、合字这样的文字游戏的趣味性基础之上，还应学习古诗表现主观感受或者哲思的深度和高度。另外，对环境和气氛的渲染也很重要，文学性和趣味性并不冲突，如果不能二者兼顾，那也必须各占一段。

思维拓展 ⚠ 古代谜语诗大多集中于写景状物和抒情议论，而现代儿童诗可以从叙事或者批判、讽刺这一环节寻求创新和突破。

216

师生擂台·前浪队

文字汤

宽窄

用文字熬了一锅汤

一碗碗地舀出来

冬天会来喝吗

如果把甜这个字炖了

汤不会那么酸了

想哭的孩子会想笑了吧

如果不小心多加了一勺咸

鸟儿一定会吧唧嘴

老虎一定会捏着鼻子喝下去

舌头就这副德性，除非

这碗汤换个人来喝

师生擂台·后浪队

萤火虫

雷爱（10岁）

从前，小孩子手里提的小灯笼

现在看不见了
被城市里的灯火
掩盖了

风

胡雅乔（11 岁）

假如世界可以回放
不为了别的
我就只想看看
昨天　谁推了我一把

三八线

吴思睿（8 岁）

桌子上有一条线
不属于桌子
只属于同桌

最容易的字

刘雨涵（8岁）

最容易的字

不是一

最容易的字

不是丁

最容易的字

不是人

最容易的字

其实是哈

快乐的时候

一直哈哈哈哈

第二十四堂课

许我一个节日吧

　　小时候的节日才叫节日啊！不写作业，有美食，还有新衣服穿！而且每个节日的辨识度还特别高，仪式感也很强。现在的小孩节日的幸福指数远远下降，因为节日和非节日的界限越发模糊，再加上各种洋节加入到中国传统节日的队伍中来，好多小孩对洋节如数家珍，可是对传统节日却日渐疏远，对节日背后的传统文化更是知之甚少。跨越国界的节日狂欢没错，但也不能顾此失彼，要守住传统文化的根，接纳他者文化的精华，弃其糟粕。

　　今天我们要创作儿童节日诗，也要回到源头，先去了解一下古代节日诗有哪些？它们是怎么写的？对现代儿童诗创作有哪些启发？

　　王安石的《元日》把春节描写得绘声绘色："爆竹声中一岁除，春风送暖入屠苏。千门万户曈曈日，总把新桃换旧符。"让我不禁想起小时候过春节。那时，我们最喜欢的一个节目就是撕门上的旧对联，几个小孩子还要比赛谁撕得最高最快，然后再把新的对联用胶水有模有样地贴上。那时候的对联都是爸爸特地去集市上买的红纸，然后备好笔墨纸砚，请爸爸的一位书法老师现场来写的。十岁那年因为点爆竹，我还被烧掉了一条眉毛——之所以大年初一要贴春联点爆竹，是为了驱逐"年"这头怪兽哦，因为它害怕通明灯火映照下的红色。

杜牧的《清明》想必大家都会背吧？"清明时节雨纷纷，路上行人欲断魂。借问酒家何处有，牧童遥指杏花村。"清明节对小孩子来说是一个比较流于形式和印象的节日。对于坟墓中的逝者，孩子们大多没有切身的交往和感受。这首诗在环境和气氛的渲染上尤其出色，仿佛清明这个节日就是用雨来搭配的。一尘不染、不经世故的牧童遥指，如此轻描淡写，与前面大人们的伤心断魂形成鲜明对照。

宋代陆游在《乙卯重五诗》中记录了宋代端午节的民俗风情："重五山村好，榴花忽已繁。粽包分两髻，艾束著危冠。旧俗方储药，羸躯亦点丹。日斜吾事毕，一笑向杯盘"端午时节，石榴花开，为了纪念自投汨罗江的诗人屈原，人们要在衣襟上佩戴白色栀子花，把驱邪的艾草悬挂门楣，还要动手包粽子，在江河里赛龙舟。

七夕节，又叫"乞巧节"，与牛郎织女的民间传说有关。在七月初七的晚上，少女们都拿着女红在月光下穿针引线，比赛谁最心灵手巧。唐代诗人杜牧在《七夕》中写到一个向往美好生活的寂寞宫女的形象：

"银烛秋光冷画屏，轻罗小扇扑流萤。天街夜色凉如水，卧看牵牛织女星。"

在古代，九九重阳是登高节。王维在《九月九日忆山东兄弟》中写到了这个节日独有的风俗仪式，那就是登高望远，思古怀人，并且在节日的这天要佩戴一种叫作"茱萸"的草："独在异乡为异客，每逢佳节倍思亲。遥知兄弟登高处，遍插茱萸少一人。"

小朋友们了解了这些节日和节日文化之后，就要进一步来学习节日诗的特点了。

例诗

青玉案·元夕

宋·辛弃疾

东风夜放花千树。更吹落、星如雨。宝马雕车香满路。凤箫声动，玉壶光转，一夜鱼龙舞。

蛾儿雪柳黄金缕。笑语盈盈暗香去。众里寻他千百度。蓦然回首，那人却在，灯火阑珊处。

作品赏析 ① 辛弃疾先用了一个广角镜头，对元宵节绽放的烟花雨，挂在树上的花灯，豪华马车和明月、箫鸣、歌舞以及整个节日环境来了一个全方位的扫描，用光影声色渲染出节日的气氛和热闹的装饰效果。最后来了个聚焦，光打在了那个被等待多时才姗姗而来的美人身上，若即若离，若隐若现，漫长而曲折的等待终于峰回路转。

推陈出新

节日驾到

宽窄

儿童节不想当儿童节了

它想当母亲节

穿上高跟鞋，涂上口红

一边追剧，一边命令孩子写作业

儿童节不想当儿童节了

它想当父亲节

下班后躲到游戏的世界里

去当拯救小孩的英雄

儿童节不想当儿童节了

它想当"吓你一跳"节

吓唬其他所有的节日

结果自己却被吓哭了

技术指导 ⓘ 既然号称节日诗，那肯定就要写出节日的民俗特色。但仅仅罗列节日的符号意象是不够的，还需要挖掘节日背后的文化或者生活哲理。但无论对节日环境和气氛怎么渲染，其重点最终还是要落到节日中的人身上。

思维拓展 ⓘ 如果节日也有呼吸也有生命，它们会扮演哪种人类的角色呢？父亲？母亲？教师？医生？或者节日与节日之间相互客串，那会发生怎样有趣的故事？或者逆向思考，如果节日不想当节日了，想成为无数个日子中平平常常的一天，又会发生什么好玩好笑的事情呢？

师生擂台·前浪队 ✏

贝多芬有耳朵

宽窄

下雪了

有人突然大声唱歌

人们停止生活

雪越下越大
忘掉工作，忘掉晚餐和孩子
戴斗篷的女人小声哭泣

雪停了
苦难的歌声在爬树
但说起命运
你最好保持沉默

师生擂台·后浪队

儿童节

孙艺玮（8岁）

我最讨厌的节日是儿童节
因为那天是我的生日
我好不开心呀
因为两个节日打架了
我只能得到一个礼物

老人节

罗敏萍（8岁）

我喜欢重阳节

因为我喜欢婆婆

我要带婆婆去爬珠穆朗玛峰

婆婆爬上去了

我没爬上去

到底谁更老呀

树叶节

罗敏萍（8岁）

每年5月6日是树叶节

那天大家都要找一片树叶

我去了树叶国

找来一片

比地球还大的叶子

开始比赛了

我拉都拉不动

哇！叶子把地球包起来了

像个粽子

动物节

张月恒（8岁）

我的梦想成真了
猪不用被煮了
鸡不用被炖了
牛不用被煎了
羊不用被烤了
动物节万岁

泼水节

杨子辰（8岁）

今天是泼水节
半夜我们到处泼
泼马路，泼汽车
泼房子，泼头发
泼大树，泼花草
整个地球被泼成了一颗
"水星"

姓张的节日

白若耶（8岁）

某年某月的某一天
有一个姓张节
所有姓张的人一起跳舞
一起吃麦片粥
喝鸡汤
姓张节快乐

第二十五堂课
阁楼诗里的
角色扮演

唐代流行阁楼诗，可能与这个朝代国力强盛，疆域辽阔，物质丰裕有关——满足了温饱这一基本生存条件，就会有更多情感和精神上的追求。孩子们首先要学习什么是阁楼诗？阁楼诗主要抒发的是古代民间女子对远方人的思念和怀想，情感哀怨忧伤。这些女子包括弃妇、商人妇、游子妇和征人妇，与之相对应的远人包括外出经商、游学、寻求仕途和离家做生意以及到边疆去打仗的士兵。特别有趣的现象是，阁楼诗中男子作闺音的居多，大部分诗都是男子模拟闺中女子的口气、身份和感受来写的，类似李玉刚在演唱歌曲时候的女声反串。

比如张仲素的《春闺思》："袅袅城边柳，青青陌上桑。提笼忘采叶，昨夜梦渔阳。"春天来了春色迷人，采桑叶的女子想起昨夜梦到夫君征战的渔阳这个地方，居然都忘了采叶子了。这首诗很典型也很有代表性，技法比较套路，就是睹物思人。同样是睹物思人，王昌龄的《闺怨》在情感体验上的描写就更曲折、跌宕："闺中少妇不知愁，春日凝妆上翠楼。忽见陌头杨柳色，悔教夫婿觅封侯。"在明媚的春光中，美丽的少妇梳妆打扮一番之后登楼，心情是松弛而欢愉的。可是，"忽见"二字笔锋一转，由眼前之景展开追忆，她不由得后悔——当初催促夫婿建功立业，不如平平淡淡相守一生，天天结伴赏柳。这种后悔的心理刻画被明快的春景反衬得愈加鲜明。

唐代男子用女声来假唱的大有人在，比如张籍的《节妇吟》从"君知妾有夫，赠妾双明珠"开始到"还君明珠双泪垂，恨不相逢未嫁时"剧终，讲述了一个哀怨的情感故事，寥寥几行，就把一段迟到的有始无终的感情勾勒得荡气回肠！

在阁楼诗以外，还有一种假借宫中女子来发声的作品，也同样精彩。比如元稹的这首："寥落古行宫，宫花寂寞红。白头宫女在，闲坐说玄宗。"李白的《玉阶怨》："玉阶生白露，夜久侵罗袜。却下水晶帘，玲珑望秋月。"虽然身份、地位和环境变了，但是思妇们悲惨的命运却是如出一辙。

还有一位高手，就是花间派的词人温庭筠，他也是反串的高手，他的一首名作《菩萨蛮》简直比女儿家本身还女性化。这首词不是以情感之哀怨取胜，而是以对女性的妆容、闺阁和女红的描写见长："小山重叠金明灭，鬓云欲度香腮雪。懒起画蛾眉，弄妆梳洗迟。照花前后镜，花面交相映。新帖绣罗襦，双双金鹧鸪。"这首词仿佛一纸工笔画，把宫中女子的日常描摹得细腻而精致。

例诗

闺　意
唐·朱庆馀

洞房昨夜停红烛，待晓堂前拜舅姑。
妆罢低声问夫婿，画眉深浅入时无？

酬朱庆馀
唐·张籍

越女新装出镜心，自知明艳更沉吟。
齐纨未足时人贵，一曲菱歌抵万金。

作品赏析 ⓘ　这两首作品是阁楼诗，也是问答诗。第一首《闺意》还有另一个名字叫《近试上张水部》，其来源有典故：话说朱庆馀要参加进士的考试了，为了试探考官的心意，他就写了这首诗。从字面上读，这就是一个新媳妇入了洞房之后即将去拜见公婆，画了一个烟熏妆，然后小心翼翼地问夫君："我这种风格的妆容你爹妈会不会喜欢呀？"考官不是别人，正是赫赫有名的才子张籍，他立马写就一首答诗《酬朱庆馀》回赠。

《闺意》选材新颖，视角独特，以"入时无"三字为灵魂，将自己能否踏上仕途与新妇紧张不安的心绪作比，寓意自明，令人惊叹。朱庆馀的赠诗写得好，张籍也答得妙，他将朱庆馀比作一位貌美歌甜、人见人爱的采菱姑娘，暗示他不必为这次考试担心。这两首诗酬答俱妙，可谓珠联璧合，千年来传为诗坛佳话。

推陈出新

错误（节选）

郑愁予

我打江南走过

那等在季节里的容颜如莲花的开落

东风不来，三月的柳絮不飞

你的心如小小寂寞的城

恰若青石的街道向晚

跫音不响，三月的春帷不揭

你的心是小小的窗扉紧掩

我达达的马蹄是美丽的错误

我不是归人，是个过客

技术指导 ⁈　读这首现代诗的时候，我满脑子都是温庭筠的那首《望江南》："梳洗罢，独倚望江楼。过尽千帆皆不是，斜晖脉脉水悠悠。肠断白蘋洲。"这首词也是"过尽千帆皆不是"的等待未果。同样的江南风光，同样的借景抒情，叙事和抒情交融，所不同的是，《错误》采用了双重视角，既有思妇的视角，也有远方良人的视角。男女两种视角两种声调并置在一首诗中，更像一个双声部的合唱，而不似古代阁楼诗中单一视角和声调的独唱。这给了我很大的启发。

思维拓展 ⁈　孩子们都喜欢扮演不同的角色，甚至一人分饰两角，体验角色互换之间的空白和落差。比如，模仿老师说话，扮演爸爸妈妈或者是模仿一只玩具兔子，或者是假装三十年后的自己。戏剧表演可以在这一堂课中被用来引爆孩子们的灵感。此外，古代阁楼诗表达的情感模式也过于单一，而现代的孩子们在关于角色体验的诗歌创作中，除了哀伤、委屈、孤独之外，还有快乐、自信、骄傲、幸福等多种情感体验可以表达。

师生擂台·前浪队

换老爸

> 宽窄

老爸不一定是老爸

也可能是一棵猪笼草

每当我犯错的时候

他就把我当小虫子吃了

老妈把老爸扔到天上

没想到他却变成雨滴落下来

我捡起瓶子接住他

把他带回了家

旁　听

> 宽窄

风换了个调子领唱

梨花就落了下来

这些大树上的青春痘啊

被蚂蚁拖进夏天

谁来宣告夏天的消息
是飞过电线的燕子
还是手里破冰的雪糕

都要回来了，如果我没有回来
像一个跑向操场的孩子
回到课堂，他讲了一个素材
风雨大作，落地的鸟蛋是灰色的
鸟鸣修长，疼痛短促
那就是我的抒情

师生擂台·后浪队

小人儿

张佩琳（11岁）

我不想长大
我想一直做个小人儿
一棵小树是我的豪华别墅
毛毛虫是我的常客

我用嫩绿的叶子招待它

直到它长大

蝴蝶是世上最美的飞机

我开出去好远好远

最后降落在妈妈的手心

那是我最温暖的摇篮

我不想长大

我想一直做个小人儿

牛皮钟——给20年后的自己

陈卓康（12岁）

远处是一段童年

近处是一片沙漠

阳光把钟表烤化

只有一只怀表不动声色

记忆苍蝇般嗡嗡作响

中年如同黑暗中的一片阴影

脸庞，还能挣脱和返回吗

238

演 戏

陈卓康（12岁）

我喜欢在床上滚来滚去

像只猪在泥地里

我的父母是两只鸡

公鸡爸爸叫我起床

母鸡妈妈的绝活是金鸡独立

专门欺负公鸡